Red Hot C

Por Ur

https://campsite.bio/unitedlibrary

Índice

Índice 2

Descargo de responsabilidad 4

Introducción 5

Red Hot Chili Peppers 7

Biografía 11

Formación y surgimiento en California (1982-1988) 16

Advenimiento internacional (1988-1992) 37

One Hot Minute y el periodo oscuro (1995-1997) 48

Estilo musical.. 80

Imagen e impacto sociocultural 86

Polémica y controversia 89

Miembros... 99

Discografía **101**

Otros libros de United Library **102**

Descargo de responsabilidad

Este libro biográfico es una obra de no ficción basada en la vida pública de una persona famosa. El autor ha utilizado información de dominio público para crear esta obra. Aunque el autor ha investigado a fondo el tema y ha intentado describirlo con precisión, no pretende ser un estudio exhaustivo del mismo. Las opiniones expresadas en este libro son exclusivamente las del autor y no reflejan necesariamente las de ninguna organización relacionada con el tema. Este libro no debe tomarse como un aval, asesoramiento legal o cualquier otra forma de consejo profesional. Este libro se ha escrito únicamente con fines de entretenimiento.

Introducción

El libro Red Hot Chili Peppers invita a los lectores a adentrarse en el vibrante y perdurable mundo de la icónica banda de rock estadounidense. Formado en Los Ángeles en 1982, el cuarteto de Anthony Kiedis, Flea, Chad Smith y John Frusciante ha dejado una huella indeleble en el panorama musical.

Con una paleta musical que mezcla rock alternativo, funk, punk, hard rock, hip-hop e influencias psicodélicas, los Red Hot Chili Peppers han definido géneros como el funk metal, el rap metal, el rap rock y el nu metal. Con más de 120 millones de discos vendidos en todo el mundo, son una de las bandas más vendedoras de todos los tiempos. Entre sus muchos logros figuran los récords de mayor número de singles número uno, mayor número de semanas acumuladas en el número uno y mayor número de canciones entre las diez primeras de la lista Billboard Alternative Songs.

Esta exhaustiva biografía recorre la evolución de la banda desde sus comienzos con Hillel Slovak y Jack Irons hasta su gran éxito con álbumes como "Blood Sugar Sex Magik" y "Californication". La narración explora los altibajos, las victorias en los Grammy, la entrada en el Salón de la Fama del Rock and Roll y las luchas personales contra la drogadicción que han marcado su trayectoria. Desde la cima del éxito hasta los cambios de formación y los proyectos en solitario, la historia de los Red Hot Chili Peppers es un testimonio de su resistencia, su innovación musical y su impacto duradero en la cultura musical mundial.

Red Hot Chili Peppers

Los Red Hot Chili Peppers son un grupo estadounidense de funk rock de Los Ángeles, California, en activo desde 1982. La formación actual se basa en los miembros fundadores y amigos de la infancia Anthony Kiedis (voz) y Flea (bajo), a los que se unieron en 1988 Chad Smith (batería) y John Frusciante (guitarra), que abandonó el grupo en dos ocasiones pero volvió a unirse por tercera vez en 2019. La música de los Red Hot Chili Peppers se caracteriza por mezclar varios géneros musicales, como el funk rock, el rock alternativo, el funk metal y el rap rock. Desde el principio, los Red Hot Chili Peppers adoptaron una fuerte identidad artística que ha hecho famoso al grupo: actuaciones sobre el escenario consideradas enérgicas y magistrales, tecnicismo y virtuosismo instrumental, y letras profundas sobre temas como la amistad, el amor, la sexualidad y las drogas.

En 1983, el cuarteto firmó su primer contrato con EMI Records. Sin embargo, los miembros fundadores Hillel Slovak (guitarra) y Jack Irons (batería) participaban simultáneamente en el grupo What Is This? y fueron sustituidos por Jack Sherman y Cliff Martinez respectivamente para el lanzamiento del álbum de debut de *The Red Hot Chili Peppers* en 1984. Tras la disolución de What Is This?, la banda se reunió con sus miembros originales y grabó *Freaky Styley* (1985) y después *The Uplift Mofo Party Plan* (1987). En 1988, Hillel Slovak murió de una sobredosis de heroína. Jack Irons sufrió una crisis nerviosa y abandonó la banda. John Frusciante, que por aquel entonces era un fan de los Red Hot Chili Peppers, fue contratado para sustituir a Slovak, mientras que Chad Smith se hizo cargo de la batería. En 1989, la banda grabó *Mother's Milk*, que les dio fama internacional. En 1991, el cuarteto cambió de discográfica a Warner Bros Records e inició una larga colaboración con el productor Rick Rubin. Su gran éxito llegó con la publicación del álbum *Blood Sugar Sex Magik* (1991) y sus cinco singles, entre ellos *Give It Away*, *Under the Bridge* y *Suck My Kiss*, que los catapultaron a los escenarios de todo el mundo. La gira que siguió estuvo marcada por la marcha de John Frusciante, que no pudo hacer frente a la repentina notoriedad y cayó en la drogadicción. Le sucedió Dave Navarro, que grabó su único álbum con la banda, *One Hot Minute*, en 1995.

Tras varios años de adicción a las drogas duras, John Frusciante buscó tratamiento y se reincorporó a los Red Hot Chili Peppers en 1998. Poco después, grabaron *Californication* (1999). El álbum fue otro éxito internacional para la banda. Los californianos siguieron triunfando, alternando giras mundiales y álbumes de éxito. A pesar de las tensiones durante su producción, *By The Way (2002)* fue un álbum más melódico y ligero que su predecesor. El primer álbum doble de la banda, *Stadium Arcadium (2006)*, presentaba una producción muy pulida. En 2007, tras una larga e intensa gira, la banda decidió tomarse un largo descanso.

Durante este paréntesis, John Frusciante abandonó de nuevo los Red Hot Chili Peppers para dedicarse a la música electrónica. Fue sustituido por su íntimo amigo y colaborador Josh Klinghoffer, que ya era el guitarrista de gira de la banda. El décimo álbum de la banda, *I'm With You* (2011), marcó el comienzo de una nueva era musical para la banda, con la guitarra de Klinghoffer en un segundo plano y Flea probando suerte con el piano. La banda ingresó en el Salón de la Fama del Rock and Roll en 2012. En 2015, tras veinticinco años trabajando con Rick Rubin, la producción del álbum *The Getaway* (2016) se confió a Danger Mouse.

El 15 de diciembre de 2019, la banda anunció la marcha de Josh Klinghoffer tras diez años de colaboración, mientras la composición de un tercer álbum con él estaba muy avanzada. John Frusciante volvió a unirse a la banda por tercera vez, y la banda aprovechó la pandemia de Covid-19 para grabar los temas que compondrían *Unlimited Love* (2022) y *Return of the Dream Canteen* (2022), marcando también el regreso de Rick Rubin como productor.

En 2019, los Red Hot Chili Peppers vendieron más de 77 millones de discos en todo el mundo y sumaron más de 5600 millones de streams en Spotify.

Biografía

Primeros días (antes de 1982)

Jack Irons nació en 1962 en Los Ángeles, California, en el seno de una familia judía. Pronto se interesó por la batería y, en 1975, entabló amistad con Hillel Slovak, también judío, mientras ambos asistían al Bancroft Junior High. Slovak, nacido en 1962 en Haifa (Israel), se trasladó a Nueva York con su familia en 1967, durante el estallido de la Guerra de los Seis Días en su patria, antes de establecerse en Los Ángeles poco después. Inspirado por Jimi Hendrix, el chico empezó a tocar la guitarra a los trece años, tras recibir el instrumento en una fiesta de cumpleaños a la que asistió Irons. Slovak e Irons se convirtieron en grandes admiradores de la banda de rock Kiss, hasta el punto de interpretar las canciones del grupo con el mismo atuendo extravagante que los neoyorquinos.

El joven Michael Balzary también estudió en Bancroft Junior High. Nacido en 1962 en Burwood (Australia), se trasladó con su familia a Nueva York (EE.UU.) a los cinco años. En 1971, sus padres Mick y Patricia se separaron cuando su madre conoció a Walter Urban Jr, bajista de jazz, con quien se volvió a casar poco después de que su padre regresara a Australia. Urban Jr. resultó ser un hombre extremadamente violento, alcohólico y adicto a la heroína que aterrorizaba al joven Michael Balzary, quien llegó a desarrollar problemas que aún hoy padece. A pesar de todo, Balzary descubrió el mundo de la música a través del prisma de su padrastro y quedó maravillado por el talento del músico y de sus amigos, con los que se organizaban jam sessions periódicas. Decidió aprender a tocar la trompeta y pudo hacerlo junto a su padrastro cuando la familia se trasladó a Los Ángeles en 1973. Los ídolos de Balzary, que entonces no tenía ningún interés por el rock, eran músicos de jazz como Miles Davis y Louis Armstrong. Balzary empezó a experimentar con las drogas a los once años y, al mismo tiempo, adoptó el apodo de *Flea* por su carácter inquieto y su baja estatura: "Siempre fui un joven espástico, saltarín y salvaje", dice.

Al otro lado de Estados Unidos, Anthony Kiedis nació en 1962 y creció en Grand Rapids (Michigan). Tras vivir dos años en Los Ángeles, sus padres se separaron en 1967 y su padre se quedó en California. El joven Kiedis se mudó con su padre en 1973, a la edad de once años. Su padre, John Kiedis, también conocido como Blackie Dammett, quería ser actor, pero era más activo como traficante de cocaína y metacualona, sobre todo entre las estrellas que frecuentaban los clubes nocturnos de Los Ángeles. Como Dammett se ausentaba a menudo, Anthony Kiedis se independizó rápidamente, pero a su pesar se involucró en las mismas prácticas perversas que su padre: a los doce años, Dammett ya le había enseñado su apetito por las mujeres, había compartido con él su primer porro y le había ofrecido que su propia novia le quitara la virginidad.

Los cuatro jóvenes fueron al instituto de Fairfax en 1977, cuando los padres de Slovak se separaron. Slovak formó su primera banda, llamada Chain Reaction pero pronto rebautizada Anthym, con Irons a la batería y sus nuevos amigos Alain Johannes y Todd Strasman.

En 1978, Anthony Kiedis se cruzó por primera vez en el camino de Flea y, pensando que estaba acosando a uno de sus amigos, le amenazó con tomar represalias. Los dos jóvenes tenían caracteres muy diferentes: Kiedis era extrovertido y le gustaba llamar la atención de los alumnos del instituto de Fairfax, mientras que Balzary era un chico callado al que "aterrorizaban las chicas". A pesar de ello, los músicos describen una "conexión instantánea". Tras sentarse uno al lado del otro en sus clases de conducir, rápidamente se hacen inseparables y evitan en lo posible a sus figuras paternas para pasear juntos.

"Unos meses" después de conocer a Flea, Slovak e Irons tocaban con su banda Anthym en el campus del instituto de Fairfax cuando Kiedis asistió a su actuación. Aunque las inspiraciones de la banda le parecieron anticuadas, reconoció su talento e inició una amistad con Slovak. Flea y Slovak entablaron una relación estrechamente ligada a la música: Slovak ofreció a Flea la oportunidad de unirse a Anthym si aprendía a tocar el bajo. Flea se dedicó de lleno a tocar el instrumento, recibió clases de Slovak y progresó rápidamente como músico autodidacta. Afirma haber dado su primer concierto apenas dos semanas después de coger el instrumento por primera vez. En 1978, la popularidad de la banda se había extendido más allá del campus y Anthym tocaba en pequeños locales de Los Ángeles. Kiedis, Flea y Slovak formaban un trío de amigos muy unidos, ayudados por experiencias vitales similares: padres divorciados, una pasión compartida por la música y una creciente afición a las drogas.

Tras graduarse en el verano de 1980, Flea y Slovak no continuaron sus estudios universitarios, mientras que Kiedis fue aceptado en la Universidad de California en Los Ángeles para estudiar ciencias políticas. Kiedis fue aceptado en la Universidad de California en Los Ángeles para estudiar ciencias políticas, pero no era muy estudioso, sólo participaba en el curso de redacción, y lo abandonó al cabo de un año. Kiedis y Flea se mudaron juntos a un piso cerca de Santa Monica Boulevard antes de trasladarse a un edificio de Wilton Avenue con Slovak, donde hicieron trabajillos y robaron en tiendas. Flea sugirió a Kiedis, al que le gustaba llamar la atención y bailar frenéticamente, que se involucrara en Anthym como cabeza de cartel de las actuaciones de sus amigos. Anthym pasó a llamarse What Is This? En 1982, Flea dejó el grupo para tocar en la banda de hardcore punk Fear, lo que debilitó temporalmente su relación con Slovak.

Formación y surgimiento en California (1982-1988)

Primeros conciertos

El artista experimental y amigo de la banda Gary Allen invitó a los cuatro amigos a tocar como teloneros en el concierto de presentación de su primer EP, *In White America (This Hollow Valley Broken Jaw of Our Lost Kingdom)*. Notando el potencial del joven Anthony Kiedis, insistió en que el futuro cantante, entonces totalmente desconocedor del papel de letrista, tomara el micrófono. Aunque la actuación iba a ser única, la banda no tenía canciones que tocar "unos días" antes del evento.

Si bien las habilidades de los tres músicos están confirmadas, la inclusión de Anthony Kiedis en el grupo las hace dudosas. Inspirado por Grandmaster Flash and the Furious Five, el futuro cantante escribió letras que pretendía rapear. Hablaba de sus "amigos variopintos y su vida nocturna desenfrenada". Los músicos optaron por desviarse del estilo de su grupo What Is This? y compusieron música inspirada en el punk y el funk, incluyendo un solo de bajo, otro de guitarra eléctrica y un segmento *a capella.* Los futuros Red Hot Chili Peppers acababan de componer su primera canción, *Out in L.A..*

El evento, organizado por Gary Allen, tuvo lugar el 16 de diciembre de 1982 en el Grandia Room, un club nocturno de Los Ángeles. En los años 80, todos los jueves por la noche, de 22:00 a 2:00, se celebraba allí el Rhythm Lounge: este evento nocturno organizado por la discoteca ofrecía música "principalmente funk, soul rap y un nuevo tipo de funk electrónico", sonidos que en aquella época aún eran *underground.* Para esta actuación, el grupo probablemente aún no tenía nombre, ya que no aparecía mencionado en ningún folleto publicitario. Sin ninguna presentación, el grupo salió al escenario, tocó su única canción con "erupción" y dejó a su público de una treintena de personas "completamente atónito y sin palabras", según Anthony Kiedis. El gerente del local, Salomon Emquies, se dio cuenta de la energía y la soltura de la joven banda y les pidió que vinieran a tocar una nueva canción dos semanas más tarde.

La segunda actuación de la banda fue el 30 de diciembre de 1982, cuando tocaron *Out in L.A.* y su nueva canción, *Get Up and Jump.* Aunque se ha dicho muchas veces, sobre todo por Kiedis y Flea, que el nombre de la banda en ese momento era Tony Flow and the Miraculously Majestic Masters of Mayhem, la banda aparece acreditada como The Flow en el folleto publicitario. Kiedis escribe que "después de ese segundo concierto, [la banda] se dio cuenta de que era demasiado divertido como para dejarlo". Los cuatro amigos tocaron por última vez como The Flow en la Grandia Room el 6 de enero de 1983. Para su cuarto concierto, en el club nocturno Cathay de Grande el 4 de marzo de 1983, adoptaron finalmente el nombre de Red Hot Chili Peppers.

El rumor en torno a la banda se extendió muy rápidamente por Hollywood, desde los primeros conciertos. Flea recuerda: "Ni siquiera sabíamos lo que estábamos haciendo [...] empezamos a tocar y todo explotó. La música era increíble. Nadie lo hacía". En pocos meses, su repertorio ya incluía una docena de temas originales, intercalados con cantos *a capella* durante las actuaciones. En mayo de 1983, los Red Hot Chili Peppers tuvieron su primera oportunidad de estudio: grabaron maquetas de estos temas en Studio 9 Sound Labs con la ayuda de su amigo Spit Stix. Kiedis y Flea siguen considerando que las cintas grabadas aquel día son "lo mejor que han grabado nunca". En 2003, cinco de estas maquetas se incluyeron en la reedición de *The Red Hot Chili Peppers* (1984) como temas extra.

El 3 de julio de 1983, en el Kit Kat Club, los Red Hot Chili Peppers realizaron por primera vez el número de los "calcetines en la *polla*", famoso acto que perpetuaron hasta el año 2000: con el público más centrado en las bailarinas del cabaret que en los músicos, los californianos volvieron al escenario para el bis llevando sólo un calcetín para cubrirse el pene. En el mismo concierto, los músicos conocieron a la promotora Lindy Goetz (en), que pronto se convirtió en mánager de la banda.

Remix y *The Red Hot Chili Peppers* (1984)

Gracias a sus actuaciones en directo, los Red Hot Chili Peppers recibieron más atención que What Is This? a pesar de los años de existencia de este último. La situación se volvió difícil para Hillel Slovak y Jack Irons, a quienes les costaba aceptar que lo que debía ser una actuación risible había superado en popularidad a la banda en la que veían su futuro. A principios de noviembre de 1983, tras meses de trabajo, Goetz consiguió un contrato para que el grupo grabara siete álbumes en siete años con Enigma, filial de EMI. Al mismo tiempo, What Is This? firmó un contrato con MCA. Slovak e Irons querían seguir tocando en ambas bandas, pero Alain Johannes les convenció de que la profesionalización de los dos grupos complicaría mucho su situación. Fieles el uno al otro, los dos músicos dejaron los Red Hot Chili Peppers para dedicarse plenamente a su banda de instituto. En 2003, Flea reveló que se podría haber llegado a un compromiso y que la banda "podría haberse quedado con [Slovak e Irons] para grabar el primer álbum".

Mientras Kiedis estaba "disgustado" por esta inesperada noticia, Flea era más pragmático: pensó inmediatamente en su amigo Cliff Martinez, que había tocado la batería para Captain Beefheart, para sustituir a Irons. En busca de un nuevo guitarrista, los Red Hot Chili Peppers publicaron un anuncio en la edición del 17 de noviembre de 1983 de LA Weekly. Tras audicionar a "docenas de guitarristas", los Red Hot Chili Peppers contrataron a Jack Sherman. El nuevo guitarrista recordó varias "intensas" jam sessions con Flea que propiciaron su contratación. Con sus nuevos músicos, los Red Hot Chili Peppers grabaron nuevas maquetas en los estudios Bijou a principios de 1984, aunque poco se sabe de estas grabaciones.

Enigma se puso entonces a producir el primer álbum de los Red Hot Chili Peppers y pidió a los músicos que nombraran un productor. ¡Kiedis y Flea se pusieron inmediatamente de acuerdo en Andy Gill, guitarrista de la banda de rock británica Gang of Four, ya que los dos jóvenes eran grandes admiradores de los dos primeros álbumes de la banda, *Entertainment!* (1979) y *Solid Gold* (1981). La banda esperaba hacer un álbum que captara fielmente la energía que transmitían en directo sobre el escenario.

Los Red Hot Chili Peppers llegaron a los estudios Eldorado en marzo de 1984. La grabación del álbum pronto se convirtió en un desastre. A Kiedis y Flea, que no tenían experiencia en el estudio, les costó entender el papel del productor. Gill estaba más interesado en composiciones funk como *Mommy, Where's Daddy?* que en temas de "surf punk superrápido" como *Police Helicopter*. Según el productor, el elemento funk "acabó siendo mucho más prominente de lo que la banda imaginaba". Kiedis criticó a Gill por no esforzarse en "entender la estética musical y la ideología" de los Red Hot Chili Peppers. Estas diferencias provocaron numerosos altercados entre los artistas y el productor, avivados por sus temperamentos diametralmente opuestos: los californianos, con su estilo de vida festivo y agresivo, no se llevaban bien con el británico, de clase media, tranquilo y educado. Durante estas peleas, Kiedis y Flea muestran una violencia verbal extrema hacia el productor, insultándole y gritándole en la cara, mientras que Gill se mantiene sereno y profesional. Las relaciones entre Kiedis y Flea y el nuevo guitarrista Sherman empezaron a deteriorarse cuando este último se puso de parte de Gill. Según el productor, la mayoría de los temas de guitarra se grabaron sin la presencia de Kiedis y Flea para evitar que estropeasen las grabaciones con sus explosiones de humor. Aunque apreciaba las nuevas composiciones escritas con Sherman, Kiedis dijo estar "terriblemente decepcionado" con el resultado de la mezcla de los temas escritos por Slovak. La banda abandonó el estudio en abril de 1984. En 2023, Flea reveló que seguía "lamentando la forma en que [la banda] hizo el álbum", y añadió que le gustaría tener la oportunidad de volver a grabarlo.

El álbum de debut de *The Red Hot Chili Peppers*, acertadamente titulado *The Red Hot Chili Peppers*, salió a la venta el 10 de agosto de 1984. Las primeras críticas del álbum, procedentes casi exclusivamente de la prensa *underground* de Los Ángeles, fueron negativas. Flea hizo una audición para unirse a Public Image Limited, por invitación de su iniciador John Lydon, ex Sex Pistols. Sin embargo, habiendo sido la primera opción del cantante británico, el bajista cambió de opinión y prefirió quedarse con la banda californiana. Según Gill y Martinez, Sherman presentó a Kiedis y Flea al mismo tiempo a George Clinton: líder de las bandas Parliament y Funkadelic, Clinton fue un pionero en el desarrollo del funk y pronto se convirtió en una nueva inspiración para el dúo.

Los Red Hot Chili Peppers se embarcaron entonces en su primera gira de verdad: entre el 4 de agosto de 1984 y mediados de febrero de 1985, los californianos dieron más de setenta y cinco conciertos durante *The Red Hot Chili Peppers Tour*. En el invierno de 1984, la banda escapó por fin de su California natal y tocó por todo Estados Unidos. Según Sherman, a principios de 1985, la banda grabó maquetas para un segundo álbum en los estudios EMI, sin la presencia del cantante, que sufría una creciente adicción a las drogas.

Kiedis y Flea, que se lo habían puesto difícil a Sherman desde que lo reclutaron, ya no soportaban su personalidad y sus modales. Los dos amigos tenían claro que el guitarrista nunca encajaría en la banda. Con los últimos conciertos programados, Sherman fue despedido en la segunda quincena de febrero de 1985.

El regreso de Slovak y *Freaky Styley* (1985)

Kiedis y Flea animaron a su mejor amigo Slovak a volver a los Red Hot Chili Peppers. Slovak estaba dividido, pero pronto se dio cuenta de que los Red Hot Chili Peppers le permitirían más libertad creativa, mientras que en What Is This? la composición musical estaba dirigida principalmente por Johannes. A finales de febrero de 1985, Slovak decidió dejar What Is This? y unirse a los Red Hot Chili Peppers. Kiedis y Flea organizaron un breve viaje a México, donde ambos grabaron maquetas de temas escritos con Sherman. Cuando Enigma pidió a la banda que nombrara un productor para su segundo álbum, los Red Hot Chili Peppers ofrecieron el trabajo a su nuevo ídolo y padrino del funk, George Clinton. Clinton aceptó, para sorpresa de los músicos, tras escuchar el primer álbum de la banda y la maqueta de las nuevas canciones.

Flea y Goetz viajaron a Detroit, Michigan, para conocer al extravagante productor.

En marzo de 1985 comenzó la preproducción del álbum y los Red Hot Chili Peppers se mudaron a la casa grande de Clinton, una granja en Brooklyn, Michigan. La banda montó un local de ensayo en el salón del productor y empezó a grabar maquetas y pistas básicas. Después de "aproximadamente una semana", los músicos se mudaron a una casa cerca del lago Wabeek, en Bloomfield Township, un suburbio de Detroit. Continuaron grabando maquetas en el estudio Detroit On Parade. Los Red Hot Chili Peppers se trasladaron finalmente a los estudios United Sound el 8 de abril de 1985. El ambiente era mucho más relajado que durante las sesiones de grabación del primer álbum, gracias en parte a la estrecha amistad entre los tres miembros fundadores. A diferencia de las prácticas de Gill, el consumo de drogas, sobre todo cannabis, era continuo. Al mismo tiempo, Kiedis descubrió que su amigo Slovak era adicto a la heroína. Concluida la grabación del álbum en mayo de 1985, los Red Hot Chili Peppers estaban satisfechos con su trabajo. Aunque Flea admitió que el álbum era "demasiado funky para la radio blanca, demasiado punk para la radio negra", consideraba que el grupo iba en la dirección correcta.

El segundo álbum de los Red Hot Chili Peppers, *Freaky Styley,* salió a la venta el 16 de agosto de 1985. La crítica mostró mayor interés por este álbum y las reseñas fueron relativamente favorables. Goetz decidió introducir al grupo en el mercado europeo y el tema *Hollywood (Africa) fue* elegido como primer sencillo para su lanzamiento en el Reino Unido. Sin embargo, el entusiasmo del público por el álbum siguió siendo tan moderado como lo había sido por el debut: tras un año en el mercado, *Freaky Styley* vendió tantos discos, alrededor de 75.000 copias, como *The Red Hot Chili Peppers*.

Los Red Hot Chili Peppers dieron su primer concierto fuera de Estados Unidos el 17 de agosto de 1985, en el Loreley Open Air Festival de Saint-Goarshausen, Alemania Occidental. Entre septiembre de 1985 y marzo de 1986, la banda realizó una gira por Estados Unidos, tocando casi 90 fechas como parte del *Infinity Tour*. Durante esta gira, la salud de Slovak empezó a deteriorarse debido a su fuerte adicción a las drogas.

En febrero de 1986, los Red Hot Chili Peppers grabaron el tema *Set It Straight,* que apareció brevemente en la banda sonora de la película *Coup double* (1986).

En abril de 1986, los músicos se reunieron en el estudio Master Control para grabar maquetas de nuevas canciones, bajo la supervisión de Keith Levene. La mitad del presupuesto destinado a la grabación de estas maquetas se utilizó para comprar drogas. Por lo que respecta a Kiedis y Flea, Martínez llevaba tiempo cansado de su presencia en el grupo: el batería estaba descontento con la dirección musical que estaba tomando la banda y su consumo de drogas era mucho menor que el de los tres amigos de la infancia. A principios de mayo de 1986, el *Infinity Tour llevó* a los Red Hot Chili Peppers a Canadá por primera vez. En los días siguientes al concierto en Calgary del 10 de mayo de 1986, la última de las fechas canadienses, Flea despidió a Martínez. Aunque al músico le costó asimilar la noticia y más tarde admitió haber guardado rencor a los tres amigos durante varios años, ahora reconoce que "[había] perdido el interés por la música y la vida del grupo [y que] hicieron bien en despedirle".

Return of Jack Irons and *The Uplift Mofo Party Plan* (1987)

Flea se puso entonces en contacto con Jack Irons para pedirle que ocupara su puesto en los Red Hot Chili Peppers. Irons, que ya no se sentía cómodo como miembro de What Is This? aceptó de buen grado. Deseoso de terminar el trabajo que había empezado con su banda del instituto, Irons no volvió a subirse a un escenario con los Red Hot Chili Peppers hasta agosto de 1986: Chuck Biscuits, batería de hardcore punk y antiguo miembro de

D.O.A., Circle Jerks y Black Flag, sustituyó al futuro batería durante cinco actuaciones entre mayo y junio de 1986.

Los Red Hot Chili Peppers ocupan un local de ensayo de la banda en el sótano de los estudios EMI. Según Kiedis, se avanzó poco en la composición del siguiente álbum. Entre agosto y noviembre de 1986, los californianos tocan una treintena de fechas extra en Estados Unidos como parte de la *gira Infinity Tour*. La banda buscaba entonces un productor para su siguiente álbum, un chivatazo que llegó a oídos de Michael Beinhorn. Éste asistió a la actuación de la banda el 19 de noviembre de 1986 en Nueva Orleans (Luisiana), se reunió con los músicos tras el concierto y viajó con ellos a su siguiente destino. La *gira Infinity* terminó en enero de 1987, tras unas 160 actuaciones a lo largo de dieciocho meses. Los Red Hot Chili Peppers conocieron a Rick Rubin a principios de 1987: acompañado por los Beastie Boys, el productor asistió a un ensayo de la banda y, desanimado por la adicción a las drogas de los músicos, no siguió las peticiones de los californianos durante varios años. Malcolm McLaren, productor de los Sex Pistols, también fue considerado entre una veintena de productores antes de confirmar a Beinhorn para el puesto. Beinhorn descubrió entonces que los representantes de EMI tenían muy pocas esperanzas puestas en la banda: "[los directivos] vilipendiaban tanto [a los Red Hot Chili Peppers] que ni siquiera querían que tuvieran éxito", recordaba el productor en 2010.

La adicción de Kiedis y Slovak a las drogas duras siguió creciendo y se volvió extremadamente peligrosa para su salud: los dos amigos estaban constantemente bajo los efectos de alguna sustancia. El consumo de drogas de Kiedis era tan grave que no pudo trabajar en el álbum. El cantante "desaparecía durante semanas" o hacía visitas cortas e improductivas al estudio. A finales de febrero de 1987, el resto de la banda decidió a regañadientes expulsar a Kiedis de los Red Hot Chili Peppers y darle un mes para curarse. El cantante se reunió con su familia en Grand Rapids, Michigan, y se sometió a un programa similar a una desintoxicación del Ejército de Salvación. Durante este tiempo, la banda siguió escribiendo nuevo material y audicionando cantantes, pero los tres músicos tenían claro que los Red Hot Chili Peppers no podían existir sin Kiedis. Limpio como una patena, Kiedis regresó a Los Ángeles a mediados de abril de 1987 y reanudó el trabajo en el álbum a finales de mes, "diez días antes de entrar en el estudio".

Los Red Hot Chili Peppers se trasladaron a los estudios Capitol el 4 de mayo de 1987. Kiedis siguió escribiendo letras de canciones mientras se grababan los temas. Slovak mantiene una actitud profesional manteniéndose relativamente limpio de drogas duras durante la grabación. Tras escuchar un riff que a Slovak le pareció demasiado alejado del estilo de la banda, Beinhorn instó a los Red Hot Chili Peppers a trabajar en una canción distinta de las demás: *Behind the Sun fue* la primera exploración melódica de la banda, con Kiedis cambiando el rap por la voz y Slovak tocando el sitar. Los californianos grabaron el álbum en un mes. Para celebrar el final de la grabación del álbum, el cantante rompió su abstinencia de drogas duras consumiendo China White. Entre el final de la grabación y el lanzamiento del álbum, la banda tocó en unos veinticinco conciertos por todo Estados Unidos.

En los años 80 surgió en Estados Unidos un movimiento de protesta contra la indecencia en la música, que culminó con la creación del grupo de presión conservador Parents Music Resource Center. Las discográficas temieron la ira de este poderoso colectivo y censuraron a sus propios artistas. EMI se opuso al nombre *Party On Your Pussy como* título del octavo tema del nuevo álbum de los Red Hot Chili Peppers: la canción pasó a llamarse *Special Secret Song Inside* y su letra se eliminó del libreto.

The Uplift Mofo Party Plan, el tercer álbum de los Red Hot Chili Peppers, salió a la venta el 29 de septiembre de 1987. Las críticas fueron buenas en general. En dos meses, el álbum vendió más copias que los dos primeros álbumes de la banda juntos. *The Uplift Mofo Party Plan* fue también el primer álbum de la banda en entrar en la lista *Billboard* 200, alcanzando el número 148, aunque no consiguió la certificación. *Fight Like a Brave fue elegido* por EMI como único sencillo del álbum, en detrimento de *Behind the Sun*, un tema más accesible para la radio generalista.

Para septiembre y octubre de 1987 estaba prevista una breve gira europea, la primera para la banda, pero finalmente se pospuso hasta principios de 1988. Entre el 22 de octubre y el 31 de diciembre de 1987 tuvo lugar la intensa *gira Naked Potato Tour*, una sección de la *gira* más amplia *The Uplift Mofo Party Plan Tour*: los Red Hot Chili Peppers tocaron cincuenta y siete conciertos en setenta días. La popularidad de la banda empezó a crecer significativamente y el público era mucho mayor que durante las dos primeras giras, hasta el punto de que los músicos tuvieron que pasar de los clubes nocturnos a salas de conciertos reales. Según Kiedis, el consumo de drogas duras durante la gira fue mucho menor de lo habitual, y Slovak confesó en su diario que quería mantener un estilo de vida respetable.

Los Red Hot Chili Peppers se embarcan en su primera gira europea, en la que tocan diecisiete fechas entre finales de enero y febrero de 1988. En Londres, el 31 de enero de 1988, Slovak sufría tanto el síndrome de abstinencia de la heroína que era incapaz de tocar. Junto con Kiedis, los dos amigos decidieron apoyarse y motivarse mutuamente para dejar las drogas duras. Tras el viaje de los Red Hot Chili Peppers de Suiza a los Países Bajos, el canal holandés VPRO produjo un documental entre bastidores titulado *Europe By Storm*. La primera actuación del grupo en Francia tuvo lugar en el Rex Club el 16 de febrero de 1988.

La *gira Uplift Mofo Party Plan Tour* continuó en Estados Unidos y, por primera vez para la banda, en México entre abril y mayo de 1988, durante una sección de la gira llamada *Monsters of Funk Tour*. Durante esta gira, Slovak tuvo una pobre actuación debido a su creciente adicción a las drogas. El guitarrista hizo creer a los que le rodeaban que su situación estaba bajo control, pero Kiedis consideró que su amigo negaba su adicción. Las relaciones entre los músicos y Slovak se volvieron cada vez más tensas. A principios de mayo de 1988, Slovak fue expulsado de los Red Hot Chili Peppers durante una semana como advertencia, y sustituido temporalmente por Blackbyrd McKnight. McKnight, recomendado por George Clinton, es un antiguo guitarrista de Funkadelic. También se dice que Kiedis y Flea han discutido la idea de recuperar a Jack Sherman, que sustituyó a Slovak en 1983.

En mayo de 1988, se publicó en el Reino Unido el extended play *The Abbey Road E.P. para* promocionar la banda, que aún era moderadamente popular en Europa. En la portada, los músicos posaban en el paso de peatones de Abbey Road al estilo de los Beatles, con la única diferencia de que no llevaban nada más que sus ya famosos "calcetines en la *polla*". La fotografía fue tomada a principios de 1988 durante la primera gira europea de la banda. Aunque esta indecencia había forjado la popularidad de la banda, los cuatro amigos empezaban a cansarse de que el público considerara a los Red Hot Chili Peppers como una broma.

Los Red Hot Chili Peppers volvieron a Europa para tocar unas quince fechas entre mayo y principios de junio de 1988. El 23 de mayo de 1988 actuaron por primera vez en el festival Pinkpop de los Países Bajos. En su segunda visita a Francia, los californianos tocaron en Rennes y en Le Zénith de París, como teloneros de Mignight Oil. Goetz afirma que, para entonces, Slovak y Kiedis se demostraban mutuamente su apoyo moral y los músicos no consumían drogas duras.

Muerte de Hillel Slovak y marcha de Jack Irons

A su regreso de Europa, a principios de junio de 1988, los cuatro amigos deciden seguir a lo suyo. La fecha de reunión fue fijada por EMI para el 27 de junio de 1988 con el fin de iniciar los ensayos de un cuarto álbum.

Ese mismo mes, Flea organizó una jam session con su amigo D. H. Peligro, batería de la banda de hardcore punk Dead Kennedys de 1981 a 1986, en el garaje de Peligro. Peligro invitó a un amigo suyo, John Frusciante, de sólo dieciocho años y gran fan de los Red Hot Chili Peppers, a unirse a ellos a la guitarra. Por aquel entonces, Frusciante y Peligro formaron una banda de corta duración con su amigo Robert Hayes al bajo. Este grupo compuso una primera versión de *Stone Cold Bush,* canción que aparecería en el siguiente álbum de los Red Hot Chili Peppers, *Mother's Milk* (1989). Flea mantuvo el contacto con Frusciante, satisfecho de su reunión y jam session.

Anthony Kiedis volvió a consumir drogas duras casi inmediatamente después de llegar a Los Ángeles. El hermano de Hillel Slovak, James, descubrió la adicción a las drogas del guitarrista a través de un roadie que estaba preocupado por la salud del guitarrista. James le aseguró que Slovak tomaba medicación, pero sin el apoyo de Kiedis, la tentación de la heroína era demasiado grande para el músico. La noche del 24 de junio de 1988, Slovak telefoneó a su hermano y le dijo que iba a volver a consumir. El 25 de junio de 1988, Slovak, solo en su piso del Castillo Feliz de Málaga, se inyectó una gran dosis de heroína y murió de sobredosis a los veintiséis años. Su cuerpo fue descubierto dos días después, el 27 de junio de 1988, cuando una unidad de policía forzó la puerta del piso después de que un vecino se quejara de un hedor.

Bob Forrest, amigo íntimo de la banda, fue el primero en ser contactado y en enterarse de la muerte de Slovak. Hillel Slovak tocó más de 370 conciertos como guitarrista de los Red Hot Chili Peppers. Su último concierto fue en el Festival Provinssirock, el 4 de junio de 1988 en Finlandia. Flea fue informado de la muerte de su amigo poco después de volver a casa tras ver el combate de boxeo entre Mike Tyson y Michael Spinks con Perry Farrell, vocalista de Jane's Addiction. El bajista cuenta que entró en un estado de shock importante. Para despejarse, Flea volvió a ponerse en contacto con Frusciante poco después para organizar una jam session para los dos. Anthony Kiedis, que solía desaparecer durante días para consumir sus drogas, se enteró de la triste noticia por su novia Ione Skye cuando regresó a casa. Está profundamente conmocionado, pero niega arbitrariamente sus sentimientos y decide huir de Los Ángeles para improvisar un periodo de rehabilitación. Skye y él se refugian durante diez días en un pueblo pesquero de México. La familia de Slovak queda conmocionada por la ausencia de Kiedis en el funeral de su amigo: el guitarrista es enterrado el 30 de junio de 1988 en el cementerio judío de Mount Sinai Memorial Park. A su regreso a California, Kiedis aceptó llevar el luto por su amigo e ingresó en una clínica de desintoxicación del barrio de Van Nuys, en Los Ángeles. Allí pasó un mes. Aunque afectados por la situación, Kiedis y Flea decidieron perpetuar los Red Hot Chili

Peppers como homenaje a su difunto amigo. La muerte del guitarrista les dio una nueva inspiración "que les permitió definir mejor la dirección que debía tomar la banda", según el cantante.

Jack Irons está devastado por la muerte de su amigo. Se da cuenta de que tiene que dejar la industria musical para recuperar la cordura: diagnosticado como maníaco-depresivo bipolar, su salud mental le lleva a ingresar en una clínica psiquiátrica. Durante una reunión de grupo en el yate de Goetz, anunció a Anthony Kiedis y Flea que dejaba los Red Hot Chili Peppers. Jack Irons tocó más de 250 conciertos con los Red Hot Chili Peppers. Conocido batería, trabajó con Joe Strummer, ex The Clash, cuando éste dejó el hospital en diciembre de 1988, y se unió a la banda grunge Pearl Jam de 1994 a 1998.

Advenimiento internacional (1988-1992)

Introducción de John Frusciante y Chad Smith

A pesar de la reciente muerte de su amigo Hillel Slovak, los Red Hot Chili Peppers no tardaron en verse atrapados por las obligaciones contractuales de su discográfica EMI. Los músicos tuvieron que empezar la producción de un nuevo álbum a finales de 1988.

En agosto de 1988, Anthony Kiedis y Flea llenaron las vacantes reclutando a sus amigos D. H. Peligro y Blackbyrd McKnight. La fusión punk-funk que había hecho famoso al grupo desde el principio parecía, en teoría, haber vuelto. La nueva formación dio un puñado de conciertos en California a principios de septiembre de 1988. La banda grabó algunas jam sessions y McKnight tocó la guitarra en al menos un tema de los Red Hot Chili Peppers. Sin embargo, la forma de tocar del guitarrista resultó ser "demasiado funk" para el gusto de los músicos, y la banda se deshizo.

Al mismo tiempo, Flea empieza a entablar amistad con el joven John Frusciante, que vive cerca. Anthony Kiedis conoció a Frusciante en una fiesta en la que fueron presentados por D.H. Peligro. Flea invitó al guitarrista a venir a grabar unas maquetas y, sin que el guitarrista lo supiera, se las puso a Kiedis: los dos amigos se dieron cuenta del talento de Frusciante. El músico y amigo de los Red Hot Chili Peppers Bob Forrest se enteró de las habilidades de John Frusciante y quiso hacerle una prueba para que se uniera a su banda Thelonious Monster (en). Anthony Kiedis aprovechó la ocasión para descubrir en persona la forma de tocar de Frusciante: llevó al joven músico a la audición y asistió a ella. Tras una prodigiosa demostración, John Frusciante fue aceptado inmediatamente en Thelonious Monster, pero Kiedis no tenía intención de dejar que el guitarrista se le escapara de las manos. Tras volver a discutir el asunto con Flea, los músicos llamaron a Frusciante ese mismo día para pedirle que se uniera a los Red Hot Chili Peppers, lo que el guitarrista aceptó encantado. Forrest se mostró decepcionado por esta decepción, pero estuvo de acuerdo en que Frusciante "era el guitarrista adecuado para los Red Hot Chili Peppers". McKnight fue despedido antes de mediados de septiembre de 1988.

Flea se convirtió en padre y dio la bienvenida a su primer hijo el 16 de septiembre de 1988, una niña llamada Clara.

Entre el 5 de octubre y el 26 de noviembre de 1988 tuvo lugar el *Turd Town Tour*, una gira de quince fechas por Estados Unidos. El propósito de esta breve gira era poner a prueba las habilidades de los nuevos músicos y mostrar al público que los Red Hot Chili Peppers se habían recuperado de la tragedia que les había golpeado. Sin embargo, la forma de tocar de D.H. Peligro se consideró demasiado descuidada y su adicción a la heroína reavivó los mismos problemas que la banda había sufrido cuando Kiedis y Slovak eran adictos. Peligro fue despedido de la banda poco después de la última fecha de la gira.

El 17 de diciembre de 1988, Denise Zoom, esposa del guitarrista Billy Zoom de la banda de hardcore punk X, se acercó a John Frusciante durante un concierto de Fishbone y Public Enemy en el Santa Monica Civic. Le dio el nombre de un batería de Minnesota, Chad Smith. Smith fue informado de una próxima audición para encontrar un batería para los Red Hot Chili Peppers.

Chad Smith fue uno de los últimos de una treintena de baterías en presentarse a la audición, que tuvo lugar después de mediados de diciembre de 1988. A primera vista, Anthony Kiedis y Flea quedaron desconcertados por el aspecto del batería y prefirieron no perder el tiempo escuchándole tocar. Con su larga melena y su chaqueta de cuero, Smith tiene un estilo codificado como propio del glam metal y el hard rock, todo lo contrario del desarrollado por los Red Hot Chili Peppers. Sin embargo, Smith no se dejó avergonzar y demostró sus habilidades cuando se unió a Flea y John Frusciante para una jam session. Ofreció una actuación gloriosa que dejó atónitos a los tres miembros de la banda, que rompieron a reír nerviosamente. Confundidos por el aspecto del batería, los Red Hot Chili Peppers no contrataron a Smith inmediatamente después de su audición, aunque estaban de acuerdo en que era el batería ideal para la banda.

La primera aparición de John Frusciante en una grabación de los Red Hot Chili Peppers fue durante una breve estancia en el estudio a finales de diciembre de 1988. La banda compuso y grabó *Taste the Pain* (1989) para la banda sonora de la película *Un monde pour nous* (1989). Chad Smith aún no estaba confirmado como batería, pero fue invitado a participar en la grabación para que los Red Hot Chili Peppers pudieran probar sus habilidades en el estudio. Smith declinó la invitación porque tenía previsto pasar las Navidades con su familia en Michigan: los Red Hot Chili Peppers quedaron desconcertados por la indiferencia del músico y lo que consideraron una falta de aprecio. La pista de batería fue grabada por Phillip Fisher, amigo de la banda y miembro de Fishbone. A pesar de ello, se volvió a contactar con Chad Smith y se le confirmó como batería de los Red Hot Chili Peppers.

Durante la última semana de diciembre de 1988, Flea se rompió el pulgar durante un descenso en esquí y se cancelaron tres conciertos de los Red Hot Chili Peppers.

Leche materna (1989)

En febrero de 1989, los Red Hot Chili Peppers entraron en los estudios Hully Gully, en el distrito de Silverlake de Los Ángeles, para empezar a componer su próximo álbum. John Frusciante demostró ser un compositor innovador para la banda. Antes de su llegada, la composición de canciones empezaba con una línea de bajo y se centraba principalmente en el ritmo: según Flea, Frusciante aportó "un nuevo estilo de composición melódico y basado en cambios de acordes". Se volvió a contar con Michael Beinhorn, productor del anterior álbum de la banda, *The Uplift Mofo Party Plan* (1987). Entre las fases de composición y grabación del álbum, los californianos organizaron una gira de unas veinte fechas por Estados Unidos entre marzo y abril de 1989.

Beinhorn aprovechó la ausencia de la banda para preparar la entrada de los músicos en los estudios Ocean Way, a los que se trasladaron en junio de 1989. El productor presionó a los músicos para que tocaran extremadamente rápido y alto, y para que regrabaran sus temas hasta que tuvieran una toma perfecta. Según Frusciante, Beinhorn orientó la producción del álbum hacia el género heavy metal: los dos hombres discutían constantemente sobre el sonido de las guitarras. La visión del productor era tan fuerte que el joven guitarrista sintió coartada su creatividad, una primera experiencia de estudio que se tomó mal: todas las pistas de guitarra se grabaron "overdub", es decir, después de haber grabado las pistas básicas. Por primera vez en la historia del grupo, las tensiones se generaron por el deseo de perfeccionar las canciones y no por el comportamiento infantil de los músicos. Sin embargo, los Red Hot Chili Peppers no estuvieron presentes durante la mezcla, que Beinhorn supervisó en solitario: el grupo "nunca habría aprobado ninguna mezcla de [*Mother's Milk*]".

El cuarto álbum de los Red Hot Chili Peppers, *Mother's Milk,* salió a la venta el 16 de agosto de 1989. El álbum fue un gran éxito. Fue el primer disco de oro del grupo, gracias sobre todo a los éxitos *Higher Ground* y *Knock Me Down*. Los Red Hot Chili Peppers consiguieron exportarse a Europa. La mezcla de funk, rap, metal y jazz de este álbum, dedicado a la memoria de Hillel Slovak, les dio a conocer al gran público. Siguió una gira de nueve meses por Estados Unidos y Europa. Durante esta gira, la banda conoció por primera vez al productor Rick Rubin.

Aunque *Mother's Milk* fue un hito en su carrera, los Red Hot Chili Peppers rara vez interpretaron canciones de este álbum en directo. Parece que la banda no está satisfecha con su producción. John Frusciante habló largo y tendido sobre el tema, criticando al productor por "dirigir su forma de tocar la guitarra hacia un tono metálico que no era en absoluto el suyo".

Los dos miembros fundadores de Fishbone, Angelo Moore y Norwood Fisher, una gran influencia de los Red Hot Chili Peppers desde hace mucho tiempo, participan en los coros del álbum *The Uplift Mofo Party Plan*; parte de una canción de Fishbone, *Bonin' In The Boneyard, se puede escuchar* en medio del tema *Good Time Boys* y Fish, el batería original de Fishbone, está a la batería en el tema *Taste The Pain.*

Blood Sugar Sex Magik (1991)

Tras lo que los Red Hot Chili Peppers consideraron una mala gestión de su álbum de 1989 *Mother's Milk* por parte de su discográfica, el grupo abandonó EMI Group en 1990. Las grandes discográficas no tardaron en interesarse por los cuatro músicos: Island Records, Def American Recordings y Virgin Records. Epic Records, filial de Sony Music, ofreció al grupo unos 5.700.000 dólares por tres álbumes. Los californianos aceptaron la oferta y la noticia llegó a oídos de Mo Ostin, fundador de Warner Bros. Records, que hizo una oferta similar a la banda. Ostin llamó personalmente a cada miembro para felicitarles por el acuerdo y animarles a hacer "el mejor álbum de la historia" con Epic Records. Conmovidos por la cortesía del empresario, los Red Hot Chili Peppers cancelaron sus negociaciones con Epic Records, con quien aún no habían firmado tras varios meses de espera, y se comprometieron con Ostin y Warner Bros. Records.

Al mismo tiempo, la banda buscaba un nuevo productor. Rick Rubin, que por entonces trabajaba con los Beastie Boys, se puso en contacto con la banda durante las negociaciones con su sello Def American Recordings. Tras mantener el contacto y entablar una relación con el productor, pronto quedó claro para el cuarteto que Rubin era la persona ideal para suceder a Michael Beinhorn.

Los californianos se reunieron en los estudios Alleyway de Los Ángeles y montaron allí su local de ensayo. Rubin se unió a ellos ocasionalmente y la banda empezó a componer "prolíficamente". El productor sugirió que la banda grabara su nuevo álbum en un lugar "poco ortodoxo" que fuera menos frío que un estudio de grabación. Se sugirió Hawai, pero Rubin se decidió por una gran mansión en Laurel Canyon, Los Ángeles, conocida como The Mansion. Los representantes de Warner Bros. Records, Mo Ostin y Lenny Waronker, aceptaron la idea de Rubin al darse cuenta de que el experimento no les costaría más que alquilar un estudio real durante varios meses.

La casa se transformó en estudio en mayo de 1991. Rubin y su equipo de producción, incluido el ingeniero de sonido Brendan O'Brien, ocuparon todas las habitaciones de la casa: las consolas de mezcla y control se instalaron en la biblioteca, los amplificadores en el sótano, la percusión en el vestíbulo y la batería ocupó dos habitaciones. El comedor se convirtió en el principal espacio de grabación, rápidamente abarrotado con un piano de cola y la colección de instrumentos de John Frusciante.

Los músicos contrataron a su amigo Gavin Bowden para documentar el proceso de grabación del álbum, con la condición de que mantuviera un perfil bajo cuando filmara a la banda trabajando. Con un presupuesto de 60.000 dólares proporcionados por Warner Bros. Records, Bowden elaboró un documental de sesenta minutos titulado *Funky Monks* (1991), que también incluía entrevistas con los cuatro músicos.

La banda grabó entre 23 y 27 temas en un periodo de siete a ocho semanas entre mayo y julio de 1991. Durante el mismo periodo, Frusciante empleó su tiempo libre en grabar temas para sus álbumes *Niandra LaDes and Usually Just a T-Shirt* (1992) y *Smile from the Streets You Hold* (1997). En una semana, cada canción tenía su pista básica grabada. Rubin insistió en un álbum doble, a lo que Warner Bros. Records se negó en vista de la todavía modesta popularidad internacional de la banda. Los músicos grabaron cuatro versiones: *Castles Made of Sand* y *Little Miss Lover* (1967), dos canciones de Jimi Hendrix, *Search and Destroy* (1973) de Iggy Pop y *They're Red Hot*

(1936) del bluesman Robert Johnson. Esta última canción se grabó al aire libre, en el jardín de la villa, y fue la única versión que apareció en el álbum.

El 5º álbum de los Red Hot Chili Peppers, *Blood Sugar Sex Magik, se* publicó el 24 de septiembre de 1991. El álbum, que debía mucho al talento de John Frusciante, fue un éxito mundial, y propulsó a los Red Hot Chili Peppers desde el estatus de grupo de culto al de mayor banda del momento, gracias a temas como *Give It Away* (su primer número 1) y *Under the Bridge*. El creciente éxito del rock alternativo en las ondas, unido a un mayor apoyo de su discográfica, permitió a la banda californiana vender doce millones de copias del álbum en todo el mundo. En 2003, la revista musical británica *Rolling Stone* lo situó en el puesto 310 entre los 500 mejores álbumes de todos los tiempos.

La banda estaba en la cima de su carrera, de gira con teloneros como Nirvana, Pearl Jam y The Smashing Pumpkins. Pero el éxito tenía su lado negativo: el estatus de superestrella era difícil de soportar para John Frusciante, que atravesaba una crisis existencial. Su relación con los demás miembros de la banda se deterioró hasta que, en mayo de 1992, decidió abandonarlos en plena gira por Tokio. Poco después de su marcha, Frusciante se hizo adicto a las drogas.

El primer problema tras la marcha de John fue encontrar un sustituto. Para cubrir las fechas australianas de la semana siguiente, los miembros restantes contrataron a Zander Schloss, pero tras cuatro días de ensayos intensivos, decidieron cancelar las fechas "antes que presentar una versión tibia de sí mismos". Arik Marshall fue llamado entonces para actuar con los Red Hot en Lollapalooza en 1992, y en 1993 incorporaron a Jesse Tobias. No fue hasta Dave Navarro, ahora guitarrista de Jane's Addiction, cuando encontraron un sustituto estable.

One Hot Minute y el periodo oscuro (1995-1997)

One Hot Minute, el sexto álbum de los Red Hot Chili Peppers, salió a la venta el 12 de septiembre de 1995. Dave Navarro fue el cuarto guitarrista en contribuir a un álbum de los Red Hot Chili Peppers, aportando una nueva dimensión al estilo punk funk de la banda. Muchos periodistas criticaron la falta de química entre Navarro y los demás miembros de la banda, como ocurría en la época de John Frusciante.

One Hot Minute es sorprendentemente oscuro. Hay una mezcla de diferentes géneros, pero los riffs de guitarra son un poco más violentos, y One Hot *Minute es* considerado por algunos como un álbum de hard rock. Las canciones se encuentran entre las más largas jamás grabadas por la banda (junto con *Sir Psycho Sexy*, del álbum *Blood Sugar*).

A pesar de los elogios de la crítica, el álbum fue un gran éxito de público. Se vendieron seis millones de copias en todo el mundo, dos millones de ellas en Estados Unidos.

Algunos de los singles, como *My Friends* y *Aeroplane, alcanzaron los primeros puestos de las* listas. *Love Rollercoaster*, una versión de la canción de los Ohio Players para la banda sonora de *Beavis, y Butt-Head se font l'Amérique, que* no aparecía en el álbum, también tuvieron éxito. El álbum está considerado por el periodista de *Rock & Folk* Philippe Manœuvre como uno de los 101 álbumes que cambiaron el mundo.

El ambiente en el seno del grupo seguía deteriorándose y los problemas con las drogas de Kiedis y Navarro pesaban mucho sobre el grupo. Sin embargo, la producción de un nuevo álbum se puso en marcha: entre mediados y finales de 1997, la escritura avanzó muy lentamente. No está claro en qué estado ha quedado este álbum producido por Rick Rubin. Sólo una canción, *Circle of the Noose*, se publicó en 2016. A finales de 1997, Dave Navarro y Flea tocaron juntos en la gira de Jane's Addiction, que acababan de reformarse, mientras que la creación musical estaba parada con los Red Hot Chili Peppers. Tras cuatro años en la banda, Navarro la abandonó el 3 de abril de 1998, sin animadversión alguna hacia los músicos, para dedicarse a sus propios proyectos musicales. La banda atravesó un periodo de inestabilidad, siendo 1997 y 1998 "dos de sus años más difíciles": sin guitarrista y con un cantante que luchaba contra la adicción a las drogas, Flea, que también tenía problemas matrimoniales, estuvo a punto de abandonar el grupo.

Los demás miembros de la banda consideran ahora One Hot *Minute* una excepción en su carrera. En 2006, Flea confesó a la revista *Q que* sentía que "[*One Hot Minute*] no era un álbum [de los Red Hot Chili Peppers]". Tras la marcha de Navarro, los Red Hot Chili Peppers dejaron de tocar canciones que no encajaban con el estilo de John Frusciante, para consternación de muchos fans. El guitarrista llegó a afirmar que nunca había escuchado el álbum, al menos en su totalidad. Tras 19 años de ausencia del circuito en directo, la banda revivió *One Hot Minute* tocando *Aeroplane* durante sus conciertos, bajo el impulso del guitarrista Josh Klinghoffer.

Cuando dejó la banda, Dave Navarro dijo que la única posibilidad de supervivencia de los Red Hot Chili Peppers residiría en el regreso de John Frusciante.

El regreso de John Frusciante y *Californication* (1998-2000)

Al mismo tiempo que la era Navarro de los Red Hot Chili Peppers, John Frusciante vivía recluido en su casa de Hollywood Hills. Tras una profunda depresión después de su salida de la banda, se volvió extremadamente dependiente de las drogas y el alcohol, llegando incluso a vender sus guitarras para comprarlas, y sufrió cinco sobredosis. El 12 de diciembre de 1996, se publicó en *Los Angeles Weekly* una breve entrevista con el guitarrista, en la que se describía a Frusciante como una persona muy débil y sin hogar. El artículo conmocionó a personas que habían conocido a Frusciante, entre ellas Flea y Anthony Kiedis. El periodista Robert Wilonsky declaró que Frusciante "se sintió tan avergonzado de su estado tras leer la entrevista que encontró la motivación para buscar ayuda". El guitarrista dejó de consumir heroína antes de finales de 1996, aunque siguió dependiendo de otras sustancias para sobrellevar su síndrome de abstinencia, y se sometió a una extensa cirugía reconstructiva. Frusciante volvió a los escenarios el 20 de enero de 1997 con una actuación en solitario en el Viper Room, y después participó en la gira americana de su amigo Bob Forrest. Finalmente, Forrest convenció a Frusciante para que ingresara en el centro de desintoxicación de Los Encinos en enero de 1998, y fue dado de alta al mes siguiente.

Flea es el único miembro de los Red Hot Chili Peppers que ha mantenido el contacto con John Frusciante durante sus años oscuros. Inmediatamente después de la marcha de Dave Navarro, Flea compartió con Chad Smith y Anthony Kiedis la idea de volver a incorporar a Frusciante a la banda. Mientras Smith se mostró entusiasmado "si funciona", Kiedis se mostró escéptico, dada su problemática relación con el guitarrista antes de su marcha, pero permaneció "abierto a la idea". Frusciante aceptó la oferta de Flea, afirmando que "nada le haría más feliz" que unirse a la banda: el guitarrista había revisado su concepto de la fama, causa de su tormento en 1992, y ahora estaba dispuesto a afrontar las responsabilidades inherentes al cargo.

El 28 de abril de 1998, los Red Hot Chili Peppers anunciaron el regreso de John Frusciante a la banda. Anthony Kiedis le compró a Frusciante una Fender Stratocaster de 1962, el modelo que se convertiría en su guitarra principal en la banda, y su amigo Vincent Gallo le prestó una Gretsch White Falcon de 1958. Flea improvisó un estudio en el garaje de su casa para que la banda pudiera ensayar su catálogo e improvisar juntos. Sin embargo, a Frusciante le resultaba difícil tocar, ya que sus dedos necesitaban recuperar su antigua fuerza, y adoptó un estilo minimalista que atrajo a Kiedis. El 12 de junio de 1998, la banda tocó en directo por primera vez desde el regreso de Frusciante en el 9:30 Club (en), en Washington, un calentamiento para la participación de la banda en el Concierto por la Libertad del Tíbet dos días después. A finales de junio de 1998, los músicos ya habían escrito unas doce canciones, entre ellas el futuro éxito *Scar Tissue*, y a finales de verano estaban listos para entrar en el estudio con "entre 30 y 40 canciones". Al mismo tiempo, confiaron la gestión de su banda a la empresa Q-Prime Management.

En un principio, los Red Hot Chili Peppers se negaron a volver a trabajar con Rick Rubin, ya que preferían un productor que no estuviera trabajando en varios proyectos al mismo tiempo. La banda fue rechazada por Brian Eno, David Bowie y Daniel Lanois, entre otros. Sin embargo, Lanois les invitó a grabar sus maquetas en su estudio de grabación El Teatro, un antiguo cine reformado y reconvertido de Oxnard. Los músicos se instalaron en el estudio en septiembre de 1998. Acompañados únicamente por su ayudante Louie Matthieu y el ingeniero de sonido Mark Howard, montaron ellos mismos el equipo de grabación. En pocos días, los músicos recopilaron más de veinte temas, entre *jams* y música instrumental. La mayoría de las canciones se completaron para el siguiente álbum. Estas grabaciones aparecieron en Internet en septiembre de 2014 con el nombre de *Teatro Sessions*.

La banda se trasladó entonces del garaje de Flea al estudio Swing House, en Cahuenga Boulevard, para seguir ensayando con Rick Rubin, que había quedado disponible, y luego a los Cello Studios (en) el 2 de noviembre de 1998. Anthony Kiedis mejoró considerablemente su canto trabajando con el preparador vocal Ron Anderson, que se unía al cantante en el estudio todos los días. En cinco días grabaron entre 20 y 31 pistas. Los overdubs tardaron otras tres semanas en grabarse, y el álbum se mezcló en el estudio The Village en marzo de 1999 en "unas pocas semanas". Se hicieron muy pocos cambios en las cintas, ya que las grabaciones se consideraron muy satisfactorias.

El 30 de mayo de 1999, Flea empezó a publicar noticias sobre la banda en el sitio web oficial de Red Hot Chili Peppers bajo el nombre de *Fleamail*.

Californication, el séptimo álbum de los Red Hot Chili Peppers, se publicó el 8 de junio de 1999, precedido por su single principal *Scar Tissue*. El álbum constaba de quince temas: las canciones no seleccionadas para su inclusión en el álbum se publicaron gradualmente como sencillos de *Californication*. El aclamado álbum supuso el regreso a la fama de una banda importante que ahora giraba en torno a la sensibilidad *funky de* John Frusciante. *Californication*, *Scar Tissue* y *Otherside fueron sólo algunos de los éxitos que surgieron de* este álbum orientado al pop. El grupo ganó el premio Grammy a la mejor canción de rock por Scar *Tissue en la* 42ª ceremonia de los Grammy, celebrada el 23 de febrero de 2000. *Californication es* el álbum más vendido de los Red Hot Chili Peppers hasta la fecha, con más de 16 millones de copias vendidas y más de 1.400 millones de streams en Spotify.

Tras una gira promocional de *Californication* por Europa, los Red Hot Chili Peppers iniciaron el Californication Tour el 18 de junio de 1999 con una gira por festivales estadounidenses. Tocaron en el Festival de Woodstock en 1999. El tramo europeo de la gira Californication Tour comenzó con un concierto en la Plaza Roja de Moscú, para el lanzamiento del canal MTV en Rusia, donde la banda tocó ante un público de 300.000 personas. En enero de 2000, los californianos tocaron en Japón, por primera vez desde 1992 y la gira abortada por la marcha de John Frusciante, así como en Oceanía: un documental que revela la vida de la banda durante estas fechas apareció en el DVD *Greatest Hits and Videos* en 2003. A continuación, los músicos tocaron para sus fans norteamericanos del 24 de marzo al 22 de septiembre de 2000, teloneando a sus amigos de los Foo Fighters y los Stone Temple Pilots. En esta fecha, la gira terminó tras 135 conciertos en 15 meses.

Entre noviembre de 1999 y abril de 2000, John Frusciante, aprovechando el poco tiempo libre que le ofrecía una gira mundial, escribió canciones para su próximo álbum en solitario, inspirándose en grupos como Joy Division y Depeche Mode.

Por el camino (2001-2003)

Los Red Hot Chili Peppers se reunieron en el estudio de grabación de Flea en febrero de 2001 para ensayar y empezar a componer un álbum de 8 pistas. Inicialmente, la banda, liderada por John Frusciante, planeaba escribir un álbum de punk rock, inspirado principalmente en The Germs. Sin embargo, su productor Rick Rubin, contratado de nuevo para una cuarta colaboración, tenía otras ideas. *To Record Only Water for Ten Days*, el tercer álbum en solitario de Frusciante, autoproducido y grabado en casa, salió a la venta el 13 de febrero de 2001. Este álbum de "escritura casi gótica" era rico en melodías synthpop que sedujeron a Rubin, él mismo recién inspirado por la música de los 60. Así que convenció a la banda para que se ciñera a canciones más suaves y melódicas. En septiembre de 2001, casi 50 temas, "trozos de canciones, ideas y jams" estaban escritos en su pizarra.

En contraste con las sesiones de composición de *Californication*, Frusciante era ahora la fuerza creativa de la banda, dirigiendo la composición con mano dura. A Flea le molestaba la gestión autocrática de Frusciante, que le daba "la impresión [de que no tenía] nada que ofrecer" a la banda, y se planteó dejar el grupo en cuanto salió el álbum. Chad Smith explicó que el guitarrista y el bajista habían calmado sus tensiones antes de salir de gira.

Los Red Hot Chili Peppers llegaron a los estudios Cello en octubre de 2001 con casi 30 canciones por grabar. Un mes más tarde, la grabación de los temas básicos estaba terminada. Entre enero y febrero de 2002, la banda ocupó la habitación 78 del hotel Chateau Marmont de Los Ángeles para grabar las voces de Anthony Kiedis y Frusciante. El álbum se mezcló durante un mes, a principios de mayo de 2002.

By the Way, el octavo álbum de los Red Hot Chili Peppers, salió a la venta el 9 de julio de 2002. Un álbum muy melódico, donde el funk desaparece para dar paso a canciones muy pop, que incluye los éxitos By *the Way*, *Can't Stop*, *The Zephyr Song* y *Venice Queen,* que cierra el álbum. La portada del álbum fue pintada por Julian Schnabel y en ella aparece su hija Stella, novia de Frusciante por aquel entonces.

Incluso antes del lanzamiento de *By the Way*, los Red Hot Chili Peppers se embarcaron en una gran gira mundial. La *gira By the Way comenzó el* 15 de junio de 2002 en Italia, dando el pistoletazo de salida a una primera gira por festivales europeos y japoneses. En otoño de 2002, los californianos estuvieron en Sudamérica, tocando por primera y única vez en Panamá y Venezuela. Continuaron la gira por Japón y Oceanía antes de dar sus primeros conciertos en Singapur y Tailandia en diciembre de 2002.

Entre diciembre de 2002 y enero de 2003, Flea, Smith y Frusciante participaron en la grabación del cuarto álbum en solitario de Frusciante, *Shadows Collide with People* (2004).

Entre enero y marzo de 2003, la banda volvió a Europa para una gira por salas, subtitulada *Deep in Your Steeze Tour*, con The Mars Volta como teloneros. La mayoría de las fechas de esta gira se duplicaron para dar cabida al gran número de fans. Nueve meses después del lanzamiento del álbum, la *gira By the Way Tour* llegó finalmente a Norteamérica para 27 fechas entre abril y junio de 2003.

En 2003, Warner Records quiso producir un segundo álbum recopilatorio de Red Hot Chili Peppers y pidió por contrato a los cuatro músicos que grabaran dos temas adicionales para incluirlos en el álbum. En julio de 2003, la banda entró en el estudio *The Mansion*, donde habían grabado *Blood Sugar Sex Magik* en 1991. En un mes, gracias a una inesperada explosión de productividad, se grabaron las pistas básicas de unas quince canciones. La mitad de las canciones estaban terminadas. *Fortune Faded* y *Save the Population* se incluyeron en el recopilatorio *Greatest Hits*, publicado el 18 de noviembre de 2003. Dos canciones aparecieron en la edición extra de *By the Way,* mientras que el resto de las grabaciones nunca se publicaron como temas acabados. En 2014, aparecieron en Internet dos grabaciones instrumentales supuestamente pertenecientes a las Greatest *Hits Sessions.*

En agosto de 2003, los californianos se embarcaron en una breve gira por festivales europeos. El 23 de agosto de 2003 encabezaron el Slane Festival de Irlanda. Ante 85.000 espectadores reunidos en el anfiteatro natural, los Red Hot Chili Peppers ofrecieron una actuación considerada como una de las mejores de la historia de la banda. Al día siguiente, un periódico irlandés titulaba:

"Los Red Hot Chili Peppers fueron mejores que el sexo". El espectáculo fue filmado en su totalidad, y la banda decidió publicarlo como su segundo DVD en directo, *Live at Slane Castle* (2003), que salió a la venta el 17 de noviembre de 2003 y disfrutó de fuertes ventas en las Navidades de ese año. La *gira By the Way Tour* finalizó el 27 de octubre de 2003 en Canadá, al término de una segunda etapa en Norteamérica, tras la cual los Red Hot Chili Peppers decidieron tomarse un descanso de seis meses. Durante este paréntesis, Flea y Frusciante resolvieron sus diferencias.

Estadio Arcadium (2004-2007)

En la primavera de 2004, Chad Smith espera volver al estudio, grabar unas quince canciones y combinar las más convincentes con los mejores temas grabados en el verano de 2003 para formar el próximo álbum. John Frusciante, sin embargo, no está de acuerdo, y afirma que "[su] forma de tocar la guitarra es diferente, [él] escucha música diferente" y que prefiere dejar atrás las grabaciones de 2003.

Entre junio y julio de 2004, los cuatro músicos organizaron una breve gira por Europa y Japón, titulada *Roll on the Red Tour*. Su primer álbum en directo, *Live in Hyde Park*, se grabó durante sus actuaciones en el Hyde Park de Londres. Los tres conciertos (19, 20 y 25 de junio) establecieron un nuevo récord mundial en la historia de la música: recaudaron diecisiete millones de dólares y atrajeron a 258.000 espectadores. EMI decidió reeditar sus cuatro primeros álbumes en una versión remasterizada, completa con temas extra (lives, demos, rarezas).

Entre junio y septiembre de 2004, los Red Hot Chili Peppers se reunieron en su local de ensayo del valle de San Fernando (Los Ángeles) y empezaron a componer material para su próximo álbum. Los músicos escribían "dos o tres piezas musicales [al día]" y grababan maquetas. El plan inicial era que la banda se ciñera a un álbum "corto, dulce [y] sencillo" de una docena de temas. En tres meses, el cuarteto compuso 38 canciones "dignas de ser grabadas y mezcladas".

El 6 de octubre de 2004, Anthony Kiedis publicó su autobiografía, *Scar Tissue, en la que* da detalles de sus amigos, sus amores, su lucha contra las drogas y su pasión por la música. El libro también contiene las letras de algunas de las canciones de la banda, así como la historia que hay detrás de cada una de ellas. Aunque durante un tiempo se arrepintió de haber publicado la novela por los detalles embarazosos sobre sus amigos y su familia, Kiedis quedó gratamente sorprendido por la respuesta de los lectores y la posteridad del libro: "Valió la pena [publicar el libro] porque conozco a mucha gente que se me acerca y me dice que sus hijos lo leyeron y rehicieron sus vidas gracias a él".

Con los Cello Studios cerrados, los cuatro músicos empezaron a grabar el álbum el 16 de marzo de 2005 en el estudio personal del productor Rick Rubin, The Mansion, como habían hecho en *Blood Sugar Sex Magik* (1991) quince años antes. Pocos días después de comenzar la grabación, Smith dio la bienvenida a su cuarto hijo, un niño llamado Cole. Por la misma época, Flea reveló a los demás miembros de la banda que había estado mostrando signos de depresión durante la *gira By the Way Tour*. En octubre de 2005, el bajista fue padre por segunda vez de una niña, Sunny Bebop.

El ambiente durante la grabación fue bastante más relajado que en álbumes anteriores. Según Kiedis, había "muy poca tensión, muy poca ansiedad, muy poco capricho". Para evitar el estrés y el agotamiento creativo, los músicos se marcaron un ritmo, trabajaron menos días a la semana y se tomaron algunas vacaciones. Este estado de ánimo más ligero animó a los músicos a dar mayor libertad a la creatividad de Frusciante. Una vez establecidos los temas básicos, el guitarrista se dedicó a grabar las sobregrabaciones en solitario, trabajando hasta 14 horas al día.

La grabación del álbum finalizó en diciembre de 2005 y la mezcla comenzó inmediatamente. Frusciante participó activamente en esta fase, aprovechando la experiencia que había adquirido en 2004 con sus seis álbumes en solitario. En enero de 2006, el álbum estaba medio mezclado. Aunque la idea de un tríptico de álbumes les rondaba la cabeza desde hacía tiempo, los Red Hot Chili Peppers acordaron conservar sólo 28 de los 38 temas mezclados para formar un álbum doble, el primero de su discografía. Nueve canciones aparecerían en los distintos singles del álbum, dejando fuera de cualquier lanzamiento oficial sólo uno de los temas grabados.

El 5 de mayo de 2006 salió a la venta *Stadium Arcadium*, el noveno álbum de los Red Hot Chili Peppers, una auténtica vuelta a las raíces de la banda y una mezcla de géneros, con funk y temas más melódicos. El primer *sencillo del álbum* fue el éxito Dani *California,* e incluía también *Snow (Hey Oh)* y *Tell Me Baby*. Dani *California fue* objeto de polémica, ya que el locutor de radio estadounidense Dan Gaffney afirmó que el tema era un plagio de la canción *Mary Jane's Last Dance de* Tom Petty de 1993. Sin embargo, Tom Petty se negó a llevar a los Red Hot a los tribunales, al no creer que el plagio fuera deliberado. El riff también es muy similar al de una canción de Metallica publicada en 1983, *The Four Horsemen*.

Según el guitarrista John Frusciante, la autobiografía de Anthony Kiedis ha "liberado espacio en su cabeza:

después de que saliera el libro, ¡escribió las letras de treinta y ocho canciones! ¡Increíble!

Con el lanzamiento de *Stadium Arcadium*, Warner Music ofrece a los fans la posibilidad de comprar nuevas versiones de los cuatro álbumes anteriores que contienen dos o tres temas inéditos por álbum (caras B).

Tras la intensa gira Intergalactic Tour, que finalizó los días 25 y 26 de agosto de 2007 en los festivales de Reading y Leeds después de 132 fechas, la banda decidió tomarse un largo descanso: Kiedis y Smith propusieron una pausa de un año, pero Frusciante y Flea insistieron en un paréntesis de dos años.

Pausa y llegada de Josh Klinghoffer (2008-2009)

Los miembros del grupo se dedicaron entonces a otras actividades. John Frusciante estaba componiendo su siguiente álbum. Flea participaba activamente en la escuela de música que había fundado, el Silverlake Conservatory of Music. Aprovechó este paréntesis para aprender piano y estudiar teoría musical en la Universidad del Sur de California. También realizó varias colaboraciones musicales, sobre todo con Thom Yorke, y lanzó su propia marca de bajos, Fleabass (it). Chad Smith fundó el supergrupo Chickenfoot con Michael Anthony, Sammy Hagar (ambos ex Van Halen) y Joe Satriani, y formó otro grupo llamado Chad Smith's Bombastic

Meatbats, con el que publicó un álbum de debut. Anthony Kiedis y su pareja Heather Christie dieron la bienvenida a un niño llamado Everly Bear el 2 de octubre de 2007. En 2008, se informó de que el cantante estaba trabajando con HBO en una serie de televisión. Bajo el título *Spider and Son,* la serie relataría la infancia de Kiedis, que vivió con su padre, entonces traficante de drogas, en Los Ángeles.

El 4 de septiembre de 2008, Flea, John Frusciante, Josh Klinghoffer y la batería Stella Mozgawa (en) improvisaron juntos en el Troubadour después de que se cancelara el evento benéfico Rock 4 Change en el que iban a participar. El concierto se convirtió en la última aparición en directo de Frusciante con un miembro de los Red Hot Chili Peppers antes de febrero de 2020. A finales de 2008, durante el parón indefinido de la banda, John Frusciante tomó la decisión de abandonar el grupo por segunda vez, reservándose el derecho de informar a los demás miembros. *The Empyrean,* el álbum en solitario del guitarrista, salió a la venta el 20 de enero de 2009. Flea y Josh Klinghoffer participaron en la grabación de muchos de los temas del álbum. El 8 de mayo de 2009, Anthony Kiedis participó en un acto benéfico en honor a sus esfuerzos por ayudar a los drogadictos a liberarse de sus adicciones. Actuaron Flea, Chad Smith y él mismo, acompañados por su guitarrista de concierto Josh

Klinghoffer, así como por los músicos Bob Forrest, Iggy Pop y Ronnie Wood, entre otros. Frusciante no asistió.

John Frusciante informó a la banda de su intención de abandonar el grupo el 29 de julio de 2009. Flea se puso entonces en contacto con Josh Klinghoffer para ofrecerle el puesto de guitarrista en la banda. Klinghoffer es amigo íntimo y colaborador de Frusciante desde hace mucho tiempo: de 2002 a 2004, participó en la grabación de los numerosos álbumes en solitario de Frusciante, e incluso el álbum de música electrónica *A Sphere in the Heart of Silence* lleva el nombre de ambos músicos. Klinghoffer es batería en el grupo Ataxia, formado por iniciativa de Frusciante y que cuenta con Joe Lally al bajo. El músico también es ya cercano a los Red Hot Chili Peppers, con los que apareció en el escenario como músico adicional en las fechas finales de la gira Intergalactic Tour en 2007. Las conversaciones entre la banda, Josh Klinghoffer y John Frusciante duraron hasta octubre del mismo año, cuando la nueva formación empezó a tocar junta. Según Klinghoffer, "a John [Frusciante] le costaba digerir que la banda pudiera siquiera concebir hacer música sin él".

En septiembre de 2009, la banda fue nominada para entrar en el Salón de la Fama del Rock and Roll.

Tras una pausa de más de dos años, el 12 de octubre de 2009 la banda se reunió por primera vez con su nuevo guitarrista para una *jam* session. Ese mismo día, la banda se enteró de la muerte de su amigo Brendan Mullen (en), gerente de un local de Los Ángeles que fue uno de los primeros en dar una oportunidad a bandas como Jane's Addiction y Black Flag, así como a los Red Hot Chili Peppers. Flea escribió la necrológica de Mullen para Los Angeles Time.

El 16 de diciembre de 2009, John Frusciante puso fin a un rumor al anunciar oficialmente su separación de la banda en un post en su blog de Myspace. Explicó que su atracción por la música electrónica le había llevado a explorar este camino en lugar del rock.

Estoy contigo y *estoy a tu lado* (2010-2015)

Al mismo tiempo, los Red Hot Chili Peppers, con su nuevo guitarrista Josh Klinghoffer, empezaron a escribir material para su próximo álbum. En febrero de 2010, Flea y Josh Klinghoffer volaron a Etiopía para participar en el proyecto Africa Express (en) por invitación de Damon Albarn.

En el verano de 2010, los californianos ocuparon un granero perteneciente a Al Jardine, de los Beach Boys, y lo utilizaron como local de ensayo. Allí presentaron sus nuevas composiciones a su productor de toda la vida, Rick Rubin. Tras nueve meses escribiendo nuevas canciones, los músicos se trasladaron a los estudios EastWest de Hollywood y Shangri-La de Malibú el 13 de septiembre de

2010. La banda grabó entre 50 y 70 temas "en los que Anthony Kiedis pudo poner su voz", para lo que se conocería como las *I'm with You Sessions*. Josh Klinghoffer, sin embargo, se sentía incómodo con los métodos de Rick Rubin, que le hacía sentir como un extraño en la banda. La banda abandonó el estudio el 18 de marzo de 2011 y comenzó los ensayos el 17 de mayo de 2011.

El 6 de junio de 2011, Chad Smith anunció en su cuenta de Twitter el décimo álbum de Red Hot Chili Peppers, titulado *I'm with You*. Más de cinco años después del lanzamiento de *Stadium Arcadium*, el álbum saldrá a la venta el 26 de agosto de 2011 en Europa y el 29 de agosto de 2011 en Estados Unidos. El single *The Adventures of Rain Dance Maggie está en las* ondas desde el 18 de julio. El álbum contiene catorce temas y marca la llegada de Josh Klinghoffer como nuevo guitarrista de la banda. Para celebrar la ocasión, el 30 de agosto se celebró en Colonia un concierto especial, retransmitido casi instantáneamente a más de treinta salas de cine en Francia, así como en otros países como Estados Unidos, Rumanía, Chile y el Reino Unido. Numerosas fechas han sido propuestas por la banda, especialmente por Chad Smith, que no ha dejado de dar noticias desde el final de la gira. Sus primeros conciertos fueron en Japón, en el Summer Sonic Festival los días 7 y 8 de agosto en Tokio y Osaka, y después en el festival Rock in Rio el 24 de septiembre. Están previstos otros conciertos en Perú y Colombia. Las fechas de la gira europea de promoción del nuevo álbum incluyen Francia, en el Palais omnisports de Paris-Bercy los días 18 y 19 de octubre, tres años después de su último concierto en el país. Para la primera cita francesa, las 16.000 entradas se agotaron en cinco minutos. Sólo AC/DC lo hizo mejor. Para promocionar su álbum, los Red Hot Chili Peppers ofrecieron un mini adelanto de su concierto en el plató del programa Grand Journal de Canal+ el 1 de septiembre de 2011. Decidieron tocar otra fecha en Francia, esta vez en el Stade de France, el 30 de junio de 2012.

El 17 de agosto se estrenó el vídeo del primer single, *The Adventures of Rain Dance Maggie.* El 22 de agosto de 2011 se publicó un stream online del álbum en la plataforma iTunes. La promoción del álbum continuó con un segundo sencillo, *Monarchy of Roses, que se* publicó únicamente en Estados Unidos. En Europa, *Look Around se* lanzó solo como descarga, al igual que *Did I Let You Know* para Brasil. El tercer sencillo oficial es *Brendan's Death Song.*

El 31 de diciembre de 2011, la banda fue contratada por Roman Abramovich por 5 millones de libras para actuar en su fiesta de Nochevieja en su finca de la isla caribeña de San Bartolomé. El espectáculo incluye una aparición especial de Toots Hibbert, de Toots and the Maytals, durante la cual interpretan juntos una versión de *Louie Louie.*

En enero de 2012, Anthony Kiedis se vio obligado a someterse a una operación de pie y la banda aplazó su gira prevista por Estados Unidos. La banda aprovechó este tiempo libre para grabar seis maquetas en el estudio The Boat. Estas canciones no fueron finalizadas por la banda después de la gira, con la excepción de *Was Never There*, que fue rescatada para el álbum de Klinghoffer *To Be One With You.*

En abril de 2012, los Red Hot Chili Peppers ingresaron en el Salón de la Fama del Rock and Roll y publicaron un EP de versiones de canciones de David Bowie, los Ramones, los Stooges, Dion and the Belmonts, los Beach Boys y Neil Young. Las grabaciones datan de antiguas sesiones de estudio, o *en directo*, como con *I Get Around* y *Everybody Knows This Is Nowhere*. La noche de la ceremonia interpretaron sus éxitos *By The Way*, *Give It Away* y una versión de *Higher Ground*, de Stevie Wonder. Klinghoffer se convirtió en el artista más joven en entrar en el Salón de la Fama del Rock and Roll, con 32 años, superando el récord de Stevie Wonder (38). Para esta última canción, los RHCP invitaron a subir al escenario a Slash (guitarrista de Guns N' Roses, también admitido esa noche), Billie Joe Armstrong (cantante y guitarrista de Green Day), Ronnie Wood (guitarrista de los Rolling Stones) y George Clinton (cantante de Parliament y Funkadelic y productor del álbum *Freaky Styley*).

El primer EP en solitario de Flea, Helen Burns (en), se publicó en la web del Conservatorio de Música de Silverlake el 19 de julio de 2012.

Entre agosto de 2012 y julio de 2013, se publicaron 17 temas en forma de nueve singles, disponibles únicamente en vinilo, descarga digital y *streaming*. Estos singles procedían de las sesiones de grabación del álbum I'm *with You*. El 29 de noviembre de 2013 sale a la venta un doble vinilo con los mismos 17 temas, titulado I'm *Beside You*, solo en tiendas de discos como parte del Black Friday.

A finales de 2014, tras un año con relativamente pocos conciertos, la banda regresó al estudio The Boat. Grabaron una treintena de maquetas y se dice que Anthony Kiedis puso voz a 18 temas. Durante una sesión de snowboard con Kiedis en febrero de 2015, Flea se rompió el brazo izquierdo y tuvo que pasar seis meses reaprendiendo a tocar su instrumento. La banda solo dio tres conciertos en todo 2015.

The Getaway y preparación de un nuevo álbum (2015-2019)

Los californianos entraron en el estudio Sound Factory en septiembre de 2015 con la intención de cambiar su método de grabación. Josh Klinghoffer planteó la idea de cambiar de productor, alegando su complicada relación con Rick Rubin, que le habría hecho sentirse como un extraño dentro de la banda. Brian Burton, alias Danger Mouse, fue contratado para producir su siguiente álbum, poniendo fin a una colaboración ininterrumpida de 25 años con Rick Rubin. Danger Mouse prefirió abandonar las maquetas grabadas en 2014: se reelaboraron algunas de las canciones y se escribieron temas nuevos. Elton John fue invitado a tocar el piano en el tema Sick Love.

El 2 de mayo de 2016, la banda anunció un nuevo sencillo, *Dark Necessities,* que fue lanzado el 5 de mayo de 2016. En esta fecha, los Red Hot Chili Peppers presentan su 11 álbum, *The Getaway*. El *single* autotitulado fue lanzado el 26 de mayo de 2016, seguido por el álbum el 17 de junio de 2016. La portada del álbum es una pintura original de Kevin Peterson, titulada *Coalition II*.

Los californianos dan el pistoletazo de salida a *The Getaway Tour* con una gira por festivales de todo el mundo, que comienza en junio de 2016 en Rock am Ring y finaliza los días 27 y 28 de agosto de 2016 con los festivales de Reading y Leeds. Siguió una gira europea hasta diciembre de 2016, incluyendo tres conciertos seguidos en Bercy. Los dos últimos conciertos en Dublín se interrumpieron porque Anthony Kiedis enfermó de gripe. La gira estadounidense arranca en enero de 2017 y se prolonga durante seis meses. En marzo de 2017 se aplazaron tres fechas, ya que Kiedis sufrió una bronquitis. La banda regresó a Europa para un puñado de fechas en julio de 2017, incluyendo una aparición en el festival inaugural Lollapalooza en Francia, antes de tocar una fecha única en América del Sur en el festival Rock in Rio el 24 de septiembre de 2017. La gira mundial se cierra oficialmente el 18 de octubre de 2017 en Glendale (Arizona), tras la cancelación de las fechas estadounidenses en marzo de 2017. Para este último concierto, el miembro fundador y antiguo batería Jack Irons se une a la banda para tocar *Fire* de Jimi Hendrix. La banda participó en la gira sudamericana del festival Lollapalooza en marzo de 2018.

Entre finales de 2018 y diciembre de 2019, la banda trabajó escasamente en la composición de canciones para un nuevo álbum, trabajo que casi pierden en los incendios de California de 2018.

Del 17 de febrero al 9 de marzo de 2019, los californianos están de gira por Oceanía, acompañados por su antiguo productor y amigo George Clinton y su banda Parliament-Funkadelic. El 15 de marzo de 2019, los Red Hot Chili Peppers ofrecen un concierto en las Pirámides de Guiza, el primero que dan en Egipto. Al parecer, se ha encargado un documental sobre el concierto para la ocasión, pero nunca se estrenará.

Al parecer, John Frusciante volvió a conectar con Anthony Kiedis allá por el verano de 2018, más o menos cuando Flea y el guitarrista fueron vistos juntos por primera vez en once años en un combate de boxeo en Los Ángeles. Josh Klinghoffer y John Frusciante, que alguna vez fueron amigos cercanos, hablan por primera vez, "breve pero cordialmente", en la boda de Flea el 19 de octubre de 2019. Por la misma época, Flea y Frusciante "improvisan" juntos varias veces, sin que Klinghoffer lo sepa. Anthony Kiedis y Flea sienten que "es hora de que John [Frusciante] regrese" y el ex guitarrista muestra "interés" en la idea cuando Flea la menciona.

En noviembre de 2019, aunque el proceso de grabación del álbum aún no había comenzado, Flea reveló que el próximo álbum saldría en 2020. El bajista publica sus memorias, *Acid for the Children*, el 5 de noviembre de 2019. Klinghoffer, bajo el seudónimo de Pluralone, inicia su carrera en solitario el 22 de noviembre de 2019 con el lanzamiento de *To Be One With You*.

El segundo regreso de John Frusciante y dos nuevos discos (desde 2019)

El 15 de diciembre de 2019, casi diez años después de que se anunciara la segunda salida de John Frusciante, Josh Klinghoffer fue despedido por Flea tras una breve reunión de la banda. Era la primera vez que un miembro de la banda se marchaba "sin angustia ni tragedia", ya que

Klinghoffer seguía siendo amigo de los miembros de la banda, aunque esto añadía "una tristeza alrededor de todo el asunto, que lo hacía aún más raro", según sus palabras. El guitarrista también expresa su amargura por el abandono del álbum actual, ya que "más de la mitad del disco estaba escrito" cuando él se marchó pero, según Chad Smith, los cuatro músicos estaban "más que decepcionados" con lo que el álbum podía ofrecer. Klinghoffer tocó 372 conciertos como guitarrista principal de los Red Hot Chili Peppers, siendo su última actuación ante un gran público en el festival Rock in Rio el 3 de octubre de 2019. En 2021, participó con Smith en la grabación del álbum *Earthling* (2022) de Eddie Vedder y después se unió a Pearl Jam como guitarrista de gira.

Tras el despido de Klinghoffer, los Red Hot Chili Peppers anunciaron el regreso de Frusciante en un breve y sobrio comunicado compartido en las cuentas de Instagram de la banda, así como de Flea y Smith. Frusciante citó como principal motivo de su regreso el deseo de experimentar un nuevo "sentido de colaboración e intercambio de ideas" más justo y alentador con sus antiguos compañeros de banda, juzgando su comportamiento pasado como egocéntrico. Para disgusto de los fans de la obra de Klinghoffer, la reincorporación de Frusciante marca el fin de las actuaciones en directo de la banda de *I'm With You* y *The Getaway*.

Desde enero de 2020, la banda se reúne para ensayar sus canciones. Para acostumbrarse a tocar juntos de nuevo, los miembros empiezan tocando canciones de Johnny "Guitar" Watson, los Kinks, los New York Dolls y Richard Barrett, entre otros, así como temas "muy antiguos" de Red Hot Chili Peppers. Rick Rubin, que fue invitado a asistir a la primera *jam*, dijo estar encantado de reencontrarse con la banda con la que ha colaborado en cuatro álbumes. Entre mayo y septiembre de 2020, la banda tiene programados un mínimo de diez conciertos entre Estados Unidos y Europa. Todas las fechas han sido canceladas o aplazadas debido a restricciones sanitarias relacionadas con la pandemia de Covid-19.

Los miembros de la banda aprovecharon este periodo para tomarse dos meses de descanso, componiendo en casa. Después se reunieron en el estudio The Village para poner en común sus ideas, con un solo técnico en la sala. Rick Rubin retomó su papel de productor, "una elección obvia" según Anthony Kiedis, y, como de costumbre, permaneció pasivo y contemplativo durante estas primeras sesiones. En septiembre de 2020, la banda entró en el estudio Shangri-La de Malibú con más de cien canciones en las que trabajar, de las cuales unas 45 estaban en "buenas condiciones" para empezar a grabar. Algunas canciones se escribieron después de entrar en el estudio, sobre todo *Veronica* y *Eddie,* esta última un vibrante homenaje a Eddie Van Halen, fallecido el 6 de octubre de 2020. Anthony Kiedis pasó cinco meses en la isla de Kauai, Hawái, escribiendo y grabando letras para un total de 48 canciones, todas ellas "finalizadas y mezcladas".

Blackie Dammett, nombre artístico de John Kiedis, padre de Anthony Kiedis, falleció el 12 de mayo de 2021. Figura importante en la vida del cantante, fue el protagonista de las canciones *Savior* y *The Hunter*.

El 7 de octubre de 2021, la banda anunció, a través de una parodia de telediario, una gira mundial que comenzaría en Europa en junio de 2022. Unos días después, Chad Smith declaró a Rolling Stone que el próximo álbum estaba "casi terminado".

El 28 de enero de 2022, un enigmático vídeo colgado en las redes sociales de la banda incluía un riff de guitarra, que resultó ser extraído del primer single del próximo álbum: el 4 de febrero de 2022, tras más de seis años de ausencia, los Red Hot Chili Peppers lanzaron el single *Black Summer*, desvelado con un videoclip dirigido por Deborah Chow y colgado en YouTube. El tema precede y anuncia el lanzamiento del duodécimo álbum de la banda, *Unlimited Love*, previsto para el 1 de abril de 2022. El álbum consta de 17 canciones, y la edición japonesa incluye un tema extra. Según *New Musical Express*, *Unlimited Love* comparte la creación de riffs melancólicos, estribillos pegadizos y melodías suavemente cantadas "a imagen y semejanza de los anteriores trabajos de Frusciante con los Red Hot Chili Peppers", al tiempo que introduce nuevos elementos grunge y acústicos.

Un día antes del lanzamiento de *Unlimited Love,* el 31 de marzo de 2022, los Red Hot Chili Peppers descubrieron su estrella en el Paseo de la Fama de Hollywood, en presencia de sus amigos de siempre George Clinton, Bob Forrest y Woody Harrelson. El 1 de abril, la banda organizó un concierto sorpresa en el Fonda Theatre y tocó por primera vez temas del álbum.

John Frusciante, Anthony Kiedis, Flea y Chad Smith vuelven a los escenarios para la *gira Unlimited Love World Tour.* En Francia, los californianos llenaron el Stade de France dos noches consecutivas, el 8 y el 9 de julio de 2022. En Estados Unidos, *Unlimited Love World Tour* es la primera gira de estadios en la que la banda es cabeza de cartel en exclusiva.

Inmediatamente después del lanzamiento de *Unlimited Love,* Anthony Kiedis declaró que los Red Hot Chili Peppers tenían la intención de publicar nuevo material más rápidamente que al ritmo de un álbum cada seis años. La banda habla ahora de un posible próximo álbum compuesto por las 30 canciones no utilizadas de las sesiones de grabación de Unlimited *Love*. John Frusciante considera que la banda ha guardado "algunas de las mejores canciones" para este propósito y que este álbum tendría "una energía relajada, distinta de la intensidad [de *Unlimited Love*]".

Mo Ostin, el ejecutivo de Warner Bros. Records que fichó a la banda en 1991, falleció el 31 de julio de 2022.

Los californianos cumplieron su palabra y presentaron su próximo álbum durante el primer concierto de su gira americana, el 23 de julio en Denver. El primer sencillo del álbum, *Tippa My Tongue, se* publicó el 19 de agosto de 2022. El 28 de agosto de 2022, en los MTV Video Music Awards, la banda ganó el Global Icon Award y el Best Rock Video por el vídeo *Black Summer*. El segundo sencillo del álbum, *Eddie, se publicó el 23 de septiembre de 2022*. *Return of the Dream Canteen, el* decimotercer álbum de los Red Hot Chili Peppers, se publicó el 14 de octubre de 2022 y contenía 17 temas.

A principios de 2023, la banda actuó en Oceanía, acompañada por Post Malone como telonero, así como en Singapur y Japón. La *gira Unlimited Love World Tour* continuó en la primavera de 2023 con una segunda serie de conciertos en Estados Unidos y Europa. La banda actuó en Francia el 11 de julio en el estadio Groupama, cerca de Lyon, y el 17 de julio en Carhaix-Plouguer dentro del festival Vieilles Charrues. Los californianos recibieron la mayor cantidad jamás pagada por los organizadores del festival, estimada en 2.000.000 de euros.

Estilo musical

Características e influencias

Los Red Hot son conocidos sobre todo por la potente y salvaje forma de tocar el slap bass de Flea, su precisión rítmica y su peculiar estilo de componer canciones. En el escenario, la química entre los músicos, especialmente entre Flea y John Frusciante, es notable: su capacidad para improvisar *jams* creativas hace que cada concierto sea único.

Flea toca el bajo siguiendo la tradición de la fusión, con grandes influencias de músicos como Bootsy Collins de Parliament-Funkadelic, John Paul Jones de Led Zeppelin y Darryl Jenifer de Bad Brains. Flea está considerado uno de los mejores bajistas de la escena del rock, con una amplia gama de habilidades técnicas y un tacto poco común para el instrumento. De hecho, la revista *Rolling Stone* lo clasifica como el 2º mejor bajista de todos los tiempos, sólo por detrás de John Entwistle, bajista de The Who. Este instrumento, a menudo relegado a un papel de acompañamiento, ocupa un lugar muy importante en la composición de las canciones del grupo. Muchas de las composiciones de los Red Hot Chili Peppers estaban centradas en el bajo, especialmente hasta el álbum *Mother's Milk, en el* que las espectaculares interpretaciones de Flea se utilizaron con más moderación. Sin embargo, el bajo siguió siendo un pilar del sonido de los Red Hot Chili Peppers (como en *By The Way*, del álbum del mismo nombre, o *Coffee Shop*, de *One Hot Minute*). Flea también es miembro de la banda de Thom Yorke, Atoms For Peace, de gira en 2009, donde su distintivo toque del bajo se utiliza con gran efecto.

Aunque la forma de tocar la guitarra de la banda ha evolucionado considerablemente a lo largo de sus diez álbumes (Jack Sherman, Hillel Slovak, Dave Navarro, John Frusciante y Josh Klinghoffer), en general toma mucho prestado del estilo de Jimi Hendrix, a menudo con un sonido saturado. Pero las similitudes acaban ahí: mientras que Jack Sherman, que sólo tocó como sustituto de Hillel Slovak en el primer álbum de la banda, intentó acercarse lo más posible al estilo de Hendrix, muy inspirado en el blues y el funk (además de ser el guitarrista original, Hillel Slovak había escrito casi todos los temas del álbum), los instrumentistas que vinieron tras la muerte de Hendrix por sobredosis impusieron cada uno su propio estilo: John Frusciante, considerado por muchos "el" guitarrista de los Red Hot Chili Peppers, aportó más melodía y profundidad, y Dave Navarro un estilo más cercano al rock progresivo y al heavy metal. John Frusciante crea texturas del mismo modo que muchos de los guitarristas de la nueva ola que reivindica como propios, entre ellos John McGeoch de

Siouxsie and the Banshees, Johnny Marr de The Smiths y Bernard Sumner de Joy Division.

El primer batería de la banda, Jack Irons, fue sustituido en los dos primeros álbumes por Cliff Martinez. Desde finales de la década de 1980, el puesto lo ocupa Chad Smith. Cuando se presentó a la audición, Smith sorprendió a la banda con su enérgica forma de tocar. Tras el lanzamiento de *Blood Sugar Sex Magik,* llegó a ser considerado uno de los mejores baterías de rock de su época, siguiendo los pasos de John Bonham, de Led Zeppelin.

Por último, pero no por ello menos importante, Anthony Kiedis es un cantante que no tiene parangón en el mundo del rock, gracias a la amplia gama de estilos que abarca. En el verano de 1982, el grupo Grandmaster Flash and the Furious Five lanzó el single *The Message,* un tema pionero en la historia del hip-hop. El joven Kiedis, que entonces tenía 20 años, admiró los múltiples talentos del grupo: puesta en escena, ritmos, rap y funk. Se dio cuenta de que no necesitaba tener una gran voz para actuar sobre un escenario. El futuro cantante también era un gran admirador del grupo de funk rock Defunkt y de su álbum de debut homónimo, publicado en 1980. Las partes vocales de los Red Hot Chili Peppers a menudo son rapeadas además de cantadas o incluso habladas (estilo característico del álbum *Blood Sugar Sex Magik*). Anthony

Kiedis es capaz de interpretar las canciones de rap de forma totalmente original, siguiendo la melodía y no el ritmo, como suele ser habitual en el rap. Muy criticado en los inicios del grupo, la calidad y la diversidad de sus voces han mejorado ligeramente, según todos los indicios, desde el álbum *Freaky Styley*. Sin embargo, las opiniones de los fans del grupo sobre su voz siguen siendo muy dispares, y sus actuaciones en directo rara vez son unánimemente aclamadas.

En su tercer concierto, el 6 de enero de 1983, los Red Hot Chili Peppers se presentaron como un grupo de rap p-funk. Gran parte de la reputación inicial del grupo se debió a que fue uno de los primeros en fusionar punk, funk y rap del mismo modo que grupos de hip-hop como los Beastie Boys. Junto con Faith No More, Rage Against the Machine y Fishbone, que comparten muchas de sus influencias, los Red Hot Chili Peppers están considerados uno de los grupos que lanzaron el movimiento de fusión, que más tarde influyó en el nu metal, un género musical surgido a finales de los 90.

Composición

A la hora de componer, los Red Hot Chili Peppers no se ponen límites y exploran diferentes estilos.

Desde que se conocieron en 1988, Flea y John Frusciante han llevado a cabo una práctica de composición que denominan "confrontación": "Cuando estamos componiendo y se nos ocurre un buen verso pero necesitamos otra sección, [...] nos vamos cada uno a una habitación diferente, y yo escribo una sección y Flea escribe la suya. Los dos intentamos escribir un estribillo o un puente o lo que sea, luego volvemos al estudio y cada uno toca su sección y una de ellas acaba en la canción. O a veces ambos forman parte de la canción", explica Frusciante. Los dos músicos suelen componer en casa, tocando "durante horas", y luego ponen en común sus ideas en el siguiente ensayo de la banda.

Anthony Kiedis dice que toma notas cuando le viene la inspiración, "sea cual sea la situación". Añade que prefiere escribir sus letras de forma aislada: "Me gusta sentarme en mi jardín, poner las maquetas grabadas [en la sesión de composición anterior] en un altavoz y escribir [mis letras]". Kiedis también escribe poemas que guarda en una colección: el éxito *Under the Bridge* (1991) era originalmente uno de estos poemas, y el cantante no tenía intención de incluir el texto en una canción de Red Hot Chili Peppers. Del mismo modo, el texto slam de la coda de *Death of a Martian* (2006) procede de la propia colección del cantante, que consideró que encajaba con la canción.

Rick Rubin es un productor que ha trabajado con artistas muy diversos, desde el hip-hop de los Beastie Boys hasta el nu metal de Slipknot. Para Flea, Rubin no intenta producir su propio sonido, a diferencia de un productor como Phil Spector: "[Rick Rubin] ve la esencia de la música [del artista] y hace todo lo que puede para ayudar [al artista] a sacarle el máximo partido. [Ayuda al artista a sacar la magia de la canción". Rubin tiene un enfoque relajado del trabajo de estudio, dejando que los Red Hot Chili Peppers "hagan lo que quieran". En 2015, los Red Hot Chili Peppers buscaron "trabajar de otra manera" y colaboraron con el productor Danger Mouse. Según Flea, *The Getaway* es el álbum "con menos improvisación" de toda la discografía de la banda, con muchos loops de batería en particular.

Imagen e impacto sociocultural

Identidad

Anthony Kiedis y Flea se han divertido explicando que el nombre de Red Hot Chili Peppers se encontró en "un arbusto psicodélico en el que crecen nombres de bandas" o en "un árbol de nombres en Wattles Park", en lo alto de Hollywood, en Los Ángeles. Es probable que el nombre de la banda se inspirara en otras formaciones musicales, sobre todo de jazz: el primer grupo de Louis Armstrong se llamaba Hot Five, el pianista Jelly Roll Morton grabó en 1926 con sus Red Hot Peppers y en los años 70 hubo un grupo de rock en Inglaterra llamado Chilli Willi and the Red Hot Peppers (en).

Los Red Hot Chili Peppers adoptaron un logotipo en forma de asterisco rojo a finales de los años ochenta. Anthony Kiedis explica que lo dibujó en 1984 a petición de su discográfica EMI, pero su uso parece haber sido muy limitado hasta el lanzamiento de *The Uplift Mofo Party Plan* en 1987. Al parecer, el cantante garabateó la forma geométrica "de improviso", sin pensar en ningún significado concreto, antes de pasársela a la discográfica. El logotipo no ha cambiado desde entonces. El tipo de letra utilizado para el nombre del grupo que rodea el asterisco es Franklin Gothic. Al asterisco se le atribuyen retroactivamente varios significados. Kiedis bromea diciendo que la forma representa "el ano de un ángel del cielo, visto desde la Tierra". En concreto, se dice que el asterisco es una interpretación del símbolo del caos (en): este signo, ideado por el escritor Michael Moorcock en 1970, representa la complejidad de las elecciones que se presentan a lo largo de una vida.

Todos los miembros actuales y anteriores de los Red Hot Chili Peppers, a excepción de Josh Klinghoffer, tienen tatuajes. Kiedis entabló una relación con el tatuador holandés Hank Schiffmacher (en), también conocido como Hanky Panky, tras la aparición de la banda en el festival Pinkpop de 1988. Todos los miembros actuales de la banda, así como Jack Irons, han sido tatuados al menos una vez por Hanky Panky. Chad Smith y John Frusciante recibieron ambos un tatuaje de un pulpo de su mano. Kiedis y Frusciante se tatuaron el asterisco en la muñeca derecha a principios de 1989. Desde entonces, los fans más fervientes han reproducido el gesto en señal de reconocimiento. Aunque Kiedis aprecia este homenaje, dice que se avergüenza cuando los fans se tatúan retratos de miembros de la banda, o cuando lucen los mismos diseños que él.

Polémica y controversia

Abusos sexuales a menores y la *Regla de las Escuelas Católicas*

En su autobiografía *Scar Tissue* (2004), Anthony Kiedis relata abiertamente cómo secuestró a una chica anónima de catorce años y tuvo varios encuentros sexuales con ella cuando tenía veintitrés. Escribe que conoció a la chica entre bastidores después de un concierto de los Red Hot Chili Peppers en Nueva Orleans en 1984. Supuestamente la invitó a su camerino, donde tuvieron su primer encuentro sexual por iniciativa de la adolescente. Después "pasaron la noche juntos" y el cantante se enteró de que la joven estudiaba en un colegio católico. La adolescente habría acompañado a Kiedis y al grupo a su siguiente destino, Baton Rouge, para un concierto "al día siguiente". Al parecer, después del concierto le dijo a Kiedis: "Mi padre es jefe de policía y todo el estado de Luisiana me está buscando porque he desaparecido. Ah, y además, sólo tengo catorce años", tras lo cual habrían mantenido un último encuentro sexual antes de que Kiedis la llevara de vuelta a la estación de autobuses, donde se separaron. El relato de Kiedis es difícil de corroborar con la realidad porque, si bien es cierto que el 12 de diciembre de 1984 se celebró un concierto en Baton Rouge, es imposible demostrar que el día anterior se celebrara un concierto en Nueva Orleans. Tampoco es posible verificar la existencia de ninguna operación policial por sustracción de menores en esa fecha, y Kiedis nunca fue procesado por ese asunto.

No obstante, la experiencia inspiró la impetuosa letra de la canción *Catholic School Girls Rule*, incluida en el álbum *Freaky Styley* (1985) de los Red Hot Chili Peppers. La canción iba acompañada de un videoclip considerado "particularmente salaz", que mostraba a una joven desnudándose y bailando con los pechos al aire y, parodiando los códigos de la Iglesia católica, a un Kiedis crucificado deshaciéndose las corbatas y llevando la Cruz. El vídeo fue prohibido por la MTV y emitido únicamente en el canal de pago Playboy TV. A pesar de ello, Catholic School Girls *Rule fue* elegida para aparecer en los recopilatorios *The Abbey Road E.P.* (1988) y *What Hits!* (1992). Catholic School Girls *Rule* sólo se ha interpretado en directo cuatro veces desde 1988, la última el 5 de mayo de 2007 en el Fonda Theatre de Los Ángeles.

En *Scar Tissue*, Kiedis también revela que, a los veinticuatro años, empezó una relación con la actriz británica Ione Skye cuando ella sólo tenía dieciséis, aunque la edad de consentimiento en California es de sólo 18 años. Su relación duró tres años. En 2022, Skye confirmó los comentarios de Kiedis y declaró que "ya no aprueba esta diferencia de edad".

Agresión sexual

El 21 de abril de 1989, tras un concierto en la Universidad George Mason de Fairfax (Virginia), los Red Hot Chili Peppers supuestamente hicieron comentarios sexualmente degradantes a unas fans que se encontraban fuera de su camerino. Mientras los músicos se cambiaban en el camerino, una estudiante llamada Joan Crown, que se había ofrecido a llevar al grupo al hotel, llegó a la puerta del camerino. Anthony Kiedis le abrió la puerta y, desnudo, le hizo "algunas insinuaciones casuales", pero también supuestamente le tocó la mejilla con el pene. Los Red Hot Chili Peppers también habrían robado el coche de la joven para poder volver solos a su hotel, lo que llevó a ésta a presentar una denuncia contra la banda y su mánager. El cantante insiste en que el suceso "fue exagerado por los medios de comunicación y la fiscalía" y niega haber tocado a la mujer con el pene. Según él, "fue algo gracioso que pasó entre bastidores[,] nunca hubo mala intención". Por este comportamiento, Kiedis fue multado con 2.000 dólares en abril de 1990 por "agresión sexual y exhibicionismo".

El 14 de marzo de 1990, los Red Hot Chili Peppers filmaron una actuación de su éxito de 1989 *Knock Me Down* en Daytona Beach, Florida, para la MTV Spring Break. Al final de la actuación, después de que los músicos se hubieran "vuelto locos" y hubieran destrozado su equipo, Flea bajó al público, agarró a una estudiante de 20 años y se la echó a los hombros. Chad Smith le quita parcialmente a la joven el pantalón del bañador y empieza a darle palmadas en el trasero. La mujer cayó entonces a la arena y Flea se subió encima de ella, diciéndole que le practicara sexo oral. Alertados por los gritos de la víctima, los dos músicos fueron escoltados fuera del lugar por la seguridad de la MTV. La estudiante, conmocionada y magullada, decidió presentar una denuncia. Al día siguiente, tras la actuación de la banda en el Marriott Club de Daytona Beach, Flea y Smith fueron detenidos por la policía del condado de Volusia. Flea fue acusado de "agresión, alteración del orden público e incitación a cometer un acto contra natura y lascivo", mientras que Smith sólo fue acusado de agresión. Fueron puestos en libertad bajo fianza tras pagar 2.000 y 1.000 dólares respectivamente. El 9 de agosto de 1990, se les ordenó pagar 5.000 dólares cada uno al Centro de Crisis por Violación del Condado de Volusia, una multa de 1.000 dólares, 300 dólares en costas judiciales y una disculpa a la víctima. Smith admite que "claramente se dejó llevar por la teatralidad del momento [y dice que comprende] lo inapropiadas que fueron [sus] acciones". Flea volvió sobre el suceso en una entrevista de 1992 con Rolling Stone, en la que decía que, por despecho por tener que reproducir una actuación, la banda quería "sacar el máximo partido de una situación falsa" provocando un alboroto. Dice que se cayó entre la multitud despúes de subirse a los hombros de Kiedis, y admite que "simplemente agarró lo primero que se le puso por delante, que resultó ser una chica". Aunque admite haber abusado verbalmente de la joven, niega cualquier agresión sexual.

El 9 de junio de 1990, se emitió en ITV un episodio del late show *James Whale Radio Show, en el que actuaron* como invitados los Red Hot Chili Peppers interpretando una versión a capela de *Sex Rap* (1985). Inmediatamente después de la actuación, Smith abrazó a la actriz brasileña Cleo Rocos (en), imitando un baile, la llevó al escenario principal y la obligó a sentarse en una posición degradante. Mientras el presentador James Whale ayudaba a la joven a ponerse en pie, Kiedis se arrastró hacia ella e intentó meter la cabeza bajo su vestido. John Frusciante le acarició el pelo y la cara, mientras Flea acercaba la suya y movía la lengua. Kiedis y Smith acaban besando el brazo y el cuello de Rocos, mientras ella, visiblemente avergonzada por los tocamientos, les dice que paren. Aunque las imágenes se emitieron por televisión, nunca se presentaron cargos contra los Red Hot Chili Peppers.

En 2016, Julie Farman publicó un ensayo en su blog *Live From The Grayish Carpet en el* que acusaba a músicos de acosarla sexualmente. En 1990, mientras era directora asociada de medios de comunicación y relaciones con los artistas en Epic Records y la banda estaba en negociaciones con la discográfica, Farman supuestamente acompañó a dos miembros no identificados de la banda a un almacén para recoger CD y golosinas. Allí, supuestamente la apretaron contra una pared y "hablaron de todas las formas de hacer un sándwich super sexy", incluido el triolismo. Farman, "humillada y extrañamente avergonzada" por la situación, habría recibido una disculpa del mánager de la banda "que sonaba como recitada de memoria". En este ensayo, precursor del movimiento #MeToo, la ex directora asociada achaca su silencio de 25 años al clima misógino imperante en la industria musical: "El acoso sexual iba de la mano de la industria musical -era una realidad cotidiana- y muchas [mujeres] ni siquiera se daban cuenta de que algo iba mal".

Rivalidad con Faith No More y Mr. Bungle

Antes de 1989, las relaciones entre los Red Hot Chili Peppers y bandas consideradas sus "rivales" por tocar en el mismo escenario eran cordiales. Los miembros de Jane's Addiction eran amigos íntimos, y Navarro llegó a ser la primera opción para sustituir a Frusciante en 1992. La banda de funk metal Faith No More incluso participó en la gira americana de los Red Hot Chili Peppers entre octubre y diciembre de 1987.

En 1988, Faith No More sustituyó a su cantante Chuck Mosley por Mike Patton, que también mantuvo su puesto en la banda de metal experimental Mr. Bungle. En 1989, Faith No More grabó un vídeo musical para *Epic*, el segundo sencillo de *The Real Thing* (1989), que causó indignación entre Anthony Kiedis. El cantante parecía ignorar que ese estilo que mezclaba funk, rap y pelo largo era una moda en la costa oeste de Estados Unidos que no había inventado su grupo. Sin embargo, lo considera una burla a sí mismo y a su banda: "Lo veo saltando, rapeando, y parecía que me estaba mirando en un espejo". En junio de 1990, Kiedis acusó públicamente a Patton de plagio en una entrevista con Kerrang! antes de añadir: "Mi batería dice que va a secuestrarle, afeitarle el pelo y cortarle un pie. Sólo para que se vea obligado a encontrar su propio estilo", indicando que dentro de la banda, el sentimiento de Kiedis es al menos compartido por Chad Smith. El teclista de Faith No More, Roddy Bottum, respondió al mes siguiente: "Si te refieres al pelo largo y a rapear sin camiseta, entonces sí, puedo ver las similitudes. Pero, aparte de eso, no veo ninguna otra". Al parecer, los miembros de Mr. Bungle amenazaron "alegremente" a Kiedis con represalias físicas. En aquel momento, Patton dio poca importancia a Kiedis, disfrutando de la situación y agradeciendo la "publicidad gratuita" que generaba. Al parecer, los dos cantantes incluso se reunieron, sin enfrentamiento alguno. No hubo acontecimientos que avivaran la rivalidad durante 9 años.

En 1999, la hostilidad entre Kiedis y Patton parecía ser historia antigua. Sin embargo, las tensiones se reavivaron cuando los Red Hot Chili Peppers y Mr. Bungle programaron el lanzamiento de sus álbumes *Californication* (1999) y *California* (1999) para el 8 de junio de 1999. Warner Bros. Records, que produjo ambos álbumes, decidió posponer el lanzamiento de *California* para evitar cualquier confusión sobre los nombres fonéticamente similares. En una entrevista concedida por Mike Patton en octubre de 1999, Mr. Bungle también acusó a Kiedis de haber cancelado conciertos de festivales previstos para la banda de metal, incluido el Big Day Out de Australia en septiembre de 1999. Ese mismo día, tres festivales informaron al manager de Mr. Bungle de la cancelación de sus actuaciones "a petición de los Red Hot Chili Peppers", ya que el artista cabeza de cartel podía oponerse contractualmente a la programación de otro artista. Patton calificó la acción de "patética". Mientras el mánager de los Red Hot Chili Peppers pedía disculpas a los miembros de Mr. Bungle y subrayaba que John Frusciante, Flea y Smith no habían participado en el plan, Kiedis negaba cualquier implicación en la cancelación de los conciertos de Mr. Bungle, excepto el de Big Day Out.

En represalia, los miembros de Mr. Bungle parodiaron burdamente a los Red Hot Chili Peppers durante su concierto del 31 de octubre de 1999 en Pontiac, Michigan. Cada músico iba disfrazado de un miembro de los Red Hot Chili Peppers. La banda interpretó canciones populares de los Red Hot Chili Peppers de forma intencionadamente mala, cambiando las letras para satirizar a Kiedis y su banda. El ex guitarrista Hillel Slovak y el actor River Phoenix, ambos fallecidos, también son retratados y ridiculizados. Entre canción y canción, Trevor Dunn, vestido de Flea, se acerca a Trey Spruance, que interpreta al fantasma de Hillel Slovak, y simula una inyección de heroína. Patton interrumpe con un "¡No puedes inyectar a un fantasma!", burlándose abiertamente de la dolorosa relación de los Red Hot Chili Peppers con la adicción a las drogas duras.

Hasta la fecha, las tensiones entre las dos bandas parecen haberse calmado. Patton declaró en 2011 que no tenía "ni idea de a qué venía la disputa original" y que, si se encontrara con Kiedis en el futuro, los dos cantantes "se saludarían cordialmente". El 1 de febrero de 2014, en un concierto en Nueva York, los Red Hot Chili Peppers tocaron parte de *We Care A Lot* (1985) de Faith No More.

Reconocimiento en otros medios

En la cuarta parte de *JoJo's Bizarre Adventure*, titulada *Diamond Is Unbreakable*, la cabina de uno de los antagonistas, Akira Otoishi, se llama "Red Hot Chili Pepper" en referencia a la banda. Sin embargo, por motivos de *copyright*, el anime y los videojuegos acortan el nombre a "Chili Pepper".

En el contenido descargable *Blood and Wine* del videojuego *The Witcher 3: Wild Hunt se puede* encontrar un *easter egg* que hace referencia a la banda y a *Under the Bridge*: bajo un puente del mundo de los cuentos se puede encontrar un pimiento rojo.

Miembros

Miembros actuales

- Anthony Kiedis - voz (desde 1982)
- Flea - bajo, piano, trompeta, coros (desde 1982)
- Chad Smith - batería, percusión (desde 1988)
- John Frusciante - guitarra, coros (1988-1992, 1998-2009, desde 2019)

Antiguos miembros

- Hillel Slovak - guitarra, coros (1982 y 1985-1988)
- Jack Irons - batería, percusión (1982 y luego 1986-1988)
- Cliff Martinez - batería, percusión (1982-1986)
- Jack Sherman - guitarra (1982-1984)
- Blackbyrd McKnight - guitarra, coros (1988)
- D. H. Peligro - batería, percusión (1988)
- Arik Marshall - guitarra, coros (1992-1993)
- Jesse Tobias - guitarra, coros (1993)

- Dave Navarro - guitarra, coros (1993-1998)

- Josh Klinghoffer - guitarra, coros (2010-2019)

Discografía

- 1984: *Los Red Hot Chili Peppers*
- 1985: *Freaky Styley*
- 1987: *El Plan de la Fiesta de los Mofo Levantados*
- 1989: *Leche materna*
- 1991: *Blood Sugar Sex Magik*
- 1995: *Un minuto caliente*
- 1999: *Californication*
- 2002: *Por cierto*
- 2006: *Estadio Arcadium*
- 2011: Estoy *contigo*
- 2016: *La escapada*
- 2022: *Amor sin límites*
- 2022: *Regreso de la Cantina de los Sueños*

Otros libros de United Library

https://campsite.bio/unitedlibrary